Diedrich Onnen

von JETZT auf EWIG

Diedrich Onnen

von JETZT auf EWIG

Neue Predigten vom heruntergekommenen Gott

Fromm Verlag

Impressum / Imprint

Bibliografische Information der Deutschen Nationalbibliothek: Die Deutsche Nationalbibliothek verzeichnet diese Publikation in der Deutschen Nationalbibliografie; detaillierte bibliografische Daten sind im Internet über http://dnb.d-nb.de abrufbar.

Alle in diesem Buch genannten Marken und Produktnamen unterliegen warenzeichen-, marken- oder patentrechtlichem Schutz bzw. sind Warenzeichen oder eingetragene Warenzeichen der jeweiligen Inhaber. Die Wiedergabe von Marken, Produktnamen, Gebrauchsnamen, Handelsnamen, Warenbezeichnungen u.s.w. in diesem Werk berechtigt auch ohne besondere Kennzeichnung nicht zu der Annahme, dass solche Namen im Sinne der Warenzeichen- und Markenschutzgesetzgebung als frei zu betrachten wären und daher von jedermann benutzt werden dürften.

Bibliographic information published by the Deutsche Nationalbibliothek: The Deutsche Nationalbibliothek lists this publication in the Deutsche Nationalbibliografie; detailed bibliographic data are available in the Internet at http://dnb.d-nb.de.
Any brand names and product names mentioned in this book are subject to trademark, brand or patent protection and are trademarks or registered trademarks of their respective holders. The use of brand names, product names, common names, trade names, product descriptions etc. even without a particular marking in this works is in no way to be construed to mean that such names may be regarded as unrestricted in respect of trademark and brand protection legislation and could thus be used by anyone.

Coverbild / Cover image: www.ingimage.com

Verlag / Publisher:
Fromm Verlag
ist ein Imprint der / is a trademark of
OmniScriptum GmbH & Co. KG
Heinrich-Böcking-Str. 6-8, 66121 Saarbrücken, Deutschland / Germany
Email: info@frommverlag.de

Herstellung: siehe letzte Seite /
Printed at: see last page
ISBN: 978-3-8416-0523-8

Copyright © 2014 OmniScriptum GmbH & Co. KG
Alle Rechte vorbehalten. / All rights reserved. Saarbrücken 2014

INHALT

Vorwort

VOM KOMMEN

Advent

Neuzeit
Jeremia 23, 5-8, 1. Advent 2010................... 1

Lametta
Offenbarung 3, 1-6, 3. Advent 2013............... 5

Weihnachten

Geheimsache
1. Timotheus 3, 16, Heilige Nacht 2013........... 11

Kleingedrucktes
Micha 5, 1-4, Weihnachten 2013................... 16

Jahresanfang

Supermann
2. Korinther 12, 9, Neujahr 2012.................. 22

Sturm
Matthäus 14, 22-33, 4. n. Epiph. 2011............ 25

Selbstruhm
Jeremia 9, 22.23, Septuagesimä 2012............. 31

Zumutung
Römer 9, 14-16, Septuagesimä 2014.............. 35

VOM LEIDEN
VOM STERBEN
VOM AUFERSTEHEN

Passion

Lebensmüde
1. Könige 19, 1-8, Okuli 2014..................... 41

Gottverlassen
Jesaja 54, 7.8, Laetare 2014....................... 45

Karfreitag

Erlösung
Passionstexte, Karfreitag 2013.................... 50

Ostern

Entmachtung
Matthäus 28, 1-8, Ostersonntag 2011............ 55

Vaterhaus
Rose Ausländer, Ewigkeitssonntag 2011........ 59

Erstanden
Ev. Gesangbuch Nr. 117, Kantate 2013.......... 63

VOM GEIST
VOM GLAUBEN

Pfingsten

Golfstrom
Johannes 14, 23-27, Pfingsten 2009.............. 67

Trinitatiszeit

Überwindung
Römer 12, 17-21, 4. nach Trinitatis 2014........ 71

Brot
Johannes 6, 30-35, 7. nach Trinitatis 2011...... 76

Fundsache
Matthäus 13, 44-46, 9. nach Trinitatis 2013.... 81

Heimat
Jesaja 62, 6-12, 10. nach Trinitatis 2012........ 84

Hautnah
Markus 1, 40-45, 14. nach Trinitatis 2011....... 89

Glaubensnot
Markus 9, 14-27, 17. nach Trinitatis 2011...... 95

VORWORT

Als liebevoller Hirte seiner Gemeindeglieder, als Christuszeuge in reformatorischer Tradition und als begnadeter Prediger begegnet uns der Autor Pfarrer Diedrich Onnen wieder absolut lebensnah, frisch inspiriert vom Geist der Heiligen Schrift und herausfordernd für den Lebensvollzug. Als Meister des gesprochenen Wortes eröffnet und weitet er uns da, wo wir mitten im Leben stehen und doch umfangen sind vom Tode, den irdischen Horizont wie auch den ewigen – den Horizont für Gottes ewiges Reich.

Das Evangelium in rechter Lehre und Verkündigung stiftet uns Leben und Heil. Es schafft in uns schon heute eine Existenz, die aufatmen lässt, die im Ziel verlässlich orientiert und uns in der Gestaltung unseres Lebens zutiefst erneuert.

Das neue Buch mit Predigten von Diedrich Onnen unter dem Titel VON JETZT AUF EWIG hat einen einzigen „Nachteil": man müsste den Autor eigentlich im „O-Ton" hören können – so wie seine Gemeinde, die ihn ins Herz geschlossen hat. Der reale Vorteil hingegen: man kann in Ruhe das Gelesene wieder und wieder bedenken und meditieren.

Dank sei dem Fromm-Verlag für die Veröffentlichung des Predigtbuches rechtzeitig im Vorfeld des Reformationsjubiläums 2017. Möge das Buch – man mag es im Vorfeld dieses großen Ereignisses kaum sagen – mitten im Taumel wachsender kirchlicher Diesseits-Versessenheit und einer zunehmenden Theologie-Vergessenheit Licht und helle Freude in unser Leben einziehen lassen!

Rolf-Alexander Thieke

Pfarrer und Religionslehrer i.R.
Uhldingen-Mühlhofen im Herbst 2014

VOM KOMMEN

Advent

Neuzeit

„Siehe, es kommt die Zeit, spricht der Herr, dass ich dem David einen gerechten Spross erwecken will. Der soll ein König sein, der wohl regieren und Recht und Gerechtigkeit im Lande üben wird. Zu seiner Zeit soll Juda geholfen werden und Israel sicher wohnen. Und dies wird sein Name sein, mit dem man ihn nennen wird: Der Herr, unsere Gerechtigkeit. Darum siehe, es wird die Zeit kommen, spricht der Herr, dass man nicht mehr sagen wird: So wahr der Herr lebt, der die Israeliten aus Ägyptenland geführt hat, sondern: So wahr der Herr lebt, der die Nachkommen des Hauses Israel herausgeführt und hergebracht hat aus dem Lande des Nordens und aus allen Landen, wohin er sie verstoßen hatte. Und sie sollen in ihrem Lande wohnen."

Jeremia 23, 5-8

Heimat ist dort, wo du jede Straße kennst und jedes Haus. Heimat ist der Bratenduft am Sonntag, das Läuten der Glocken zum Gottesdienst, das Grüßen über den Zaun hinweg. Heimat ist der Wind, wie er um die Häuser pfeift, das Rauschen des Meeres, der Apfelbaum in Nachbars Garten und der Adventskranz auf dem Tisch. Heimat ist das warme Brot aus dem Backofen und das kühle Bier in der Kneipe mit Menschen, die du schon ewig kennst und die alle dieselbe Sprache sprechen. Heimat ist dort, wo du sicher wohnst. Nicht alle wohnen sicher. Nicht alle sind beheimatet. Viele sind auf der Flucht. Viele suchen verzweifelt ein Zuhause, riskieren Leib und Leben.

Wohl dem, der eine Bleibe hat und weiß, wo er hingehört! Unbehaust leben kann doch kein Mensch. Unbehaust und fern der Heimat. Ein Mensch braucht Erde zum Wurzelschlagen. Wer keine Wurzeln schlagen kann, findet keinen Frieden.

Unstet und flüchtig sein zu müssen, war die Strafe für den Brudermörder Kain. Es ist auch das Schicksal der Menschen, an die sich der Prophet Jeremia rund 600 Jahre vor dem Christus mit seiner Rede wendet.

Der Krieg ist übers Land gezogen, eine breite Spur der Verwüstung hinterlassend. Israels Könige, in falscher Einschätzung ihrer Macht und Stärke, legen sich an mit Babylon, der großen und gefräßigen Hure. Das kleine Palästina aber ist für Babyloniens Herrscher nichts weiter war als ein winziger Happen im handstreichartigen Vorübergehen.

Die jüdische Bevölkerung leidet unsäglich. So ist es immer, wenn die da oben den Krieg anzetteln und die da unten die Folgen tragen. Warum eigentlich lernt der Mensch nicht hinzu aus seiner Geschichte?

Im heutigen Irak finden sich die Verschleppten und Geschändeten wieder, sitzen traurig-depressiv herum im Land zwischen Euphrat und Tigris, hängen ihre Harfen abschiedlich in die Weiden und weinen. Aus dieser bitteren Zeit stammt der 137. Psalm, den nur die Bibelfesten kannten, ehe ihn die Discogruppe „Boney M" 1978 zum Hitparaden-Siegertitel kultivierte: „By the rivers of Babylon."

Den Deportierten freilich ist die Lust am Singen vergangen. Wie kann man singen in einem fremden Land? Man kann es nicht.

Heimatlos sind viele auf der Welt. Die Älteren unter uns, die den Krieg und die Vertreibung noch vor Augen haben, erinnern sich der zahllosen, nicht enden wollenden Flüchtlingstrecks aus dem Osten. Doch noch nie waren so viele Menschen auf der Flucht wie heute. Sie irren in der Welt umher, sind nirgends gern gesehen, werden als Unwillkommene abgewiesen, als Wirtschaftsflüchtlinge gebrandmarkt, als Nichtsnutze ausgewiesen. Dabei wollen alle Menschen nur das eine: Sicher wohnen. Einen Ort finden, an dem es sich ohne Bedrohung und Angst leben und arbeiten, lieben und glücklich sein lässt.

Groß ist die Sehnsucht. Die aus der Heimat gejagten Juden wollen wieder zurück. Und dann spricht der Herr. Lange war es ruhig um ihn. Lange hat er sich nicht vernehmen lassen, sondern geschwiegen.

Gott kann nämlich lange und beharrlich schweigen, ehe er sich wieder offenbart im Wort. Aber er spricht nicht so, dass es alle hören können direkt aus seinem göttlichen Mund. Der Herr bedient sich eines Propheten, macht ihn zum Sprachrohr seiner nicht mehr erwarteten Froh-Botschaft: „Siehe, es kommt die Zeit!"

Jeremia, der Freund Gottes, sieht die neue Zeit schon heraufziehen wie einen Morgen nach langer, dunkler Nacht. Die neue Zeit soll, sie wird eine Zeit des Rechts nach dem Unrecht und der Gerechtigkeit nach der Ungerechtigkeit sein. Eine Zeit der Heimkehr, des sicheren Wohnens. Gott wird retten, befreien, sein Volk sammeln. Ungläubig schütteln die Gläubigen in Babylon ihre Köpfe, übersteigt die Ankündigung der Freiheit in Recht und Einigkeit doch ihre Vorstellungskraft.

Der Prophet kennt den Zweifel, deshalb legt er nach: Gott hat schon einmal gerettet, befreit, gesammelt! Erinnert euch: Er hat das Volk aus Ägyptenland geführt, hat es nicht verkommen lassen unter der Knute des Pharao. Lange her ist das Geschehen zwar, doch immer wieder der Erinnerung wert. Denn wer jetzt in der Not ist, der muss, der sollte sich erinnern an die Tage, in denen Gott ganz wundersam die Not gewendet hat!

Jede Hoffnung hat ihre Wurzeln in der Erinnerung an das Gute. Deshalb mahnt ja auch ein weiteres Kleinod aus dem großen Schatz der Psalmen: „Vergiss nicht, was Gott Dir Gutes getan hat!"

Glauben, liebe Gemeinde, ist nichts anderes, als die Hoffnung zu aktivieren, sie in die Gegenwart zu holen und mit ihr die Gegenwart auszuhalten und zu bestehen.

Gott ist da in allem Auf und Ab, in den guten wie in den schlechten Zeiten. Er ist treu. Was er ankündigt und sagen lässt, wird auch geschehen - und sei es nach langen, langen Jahren.

70 Jahre, immerhin, muss das Volk der Juden ausharren in der Fremde, dann darf es zurück in die Heimat und wieder sicher wohnen im eigenen Land. Gott wechselt die Großmächte aus nun haben die etwas menschenfreundlicheren Perser das Sagen und nicht mehr die brutalen Babylonier. So macht Gott Geschichte mit Menschen, die Geschichte machen.

Die neue Zeit. Auch wir Deutschen haben sie erlebt, als niemand damit rechnete, auch diejenigen nicht damit rechneten, die später, nachdem die Mauer gefallen war, großspurig das Gegenteil behaupteten. Nicht die Maulhelden, sondern die Kerzen-Revolution aus den evangelischen Kirchen und Gemeinden heraus brachte letztlich ein Regime zum Einsturz, dessen Graukörpfe von der Ewigkeit ihres real existierenden DDR-Sozialismus so fest überzeugt waren, dass sie die Zeichen der neuen Zeit glatt übersahen.

Gottes Wort ist kein Geschwätz. Er hält, was er verspricht. Sein Messias, unser Herr Christus, das „Blümlein, das ich meine, davon Jesaja sagt", kam in die Welt hinein, als nur noch wenige Treue und Unverzagte an diesem Kommen festhielten. Mit ihm hat Gott die Sehnsucht der Menschen nach einem göttlichen Zeichen aus Fleisch und Blut erfüllt. Mit ihm hat Er die Brücke geschlagen zu uns, damit niemand mehr sagen kann: Gott kümmert sich nicht. Oder noch untröstlicher: Es gibt keinen Gott.

Jesus Christus ist der von Gottes Art mit Hand und Fuß. Und nun stehen wir wie die Juden damals im fernen Babylon vor der großen Verheißung: „Siehe, ich komme bald wieder."

Das unbedingt Gewisse ist Christi Wiederkehr. „Seht, die gute Zeit ist nah, Gott kommt auf die Erde", heißt es schön und treffend zugleich in einem neueren Adventslied. Diese gute Zeit ist nicht die alle Jahre wieder uns bevorstehende Weihnachtszeit. Sie ist die letzte Zeit, die Endzeit. Sie ist die Zeit, die ein Jeremia noch nicht zu träumen wagte, die aber wir - ahnend, hoffend, glaubend - auf uns zukommen sehen. Ja, es wird Zeit, Zeit für die Rückkehr Christi in die Welt hinein! Dann wird niemand mehr, wirklich niemand mehr heimatlos sein, dann werden alle sicher wohnen, alle.

Ein „geistliches Zuhause" haben wir schon jetzt. Ich meine damit die „Heimat des Glaubens", das „Wohnen in Jesus." Wer in ihm geistlich beheimatet ist, hat immer ein Zuhause, selbst in der Fremde hat er es. Der kann auch getrost und geduldig warten, bis der König kommt, der „wohl regieren und Recht und Gerechtigkeit im Lande üben wird." Sichtbar kommt, merkbar und fühlbar, hörbar. Siehe, es kommt die Zeit! Achten wir auf die Zeichen.

Lametta

„Und dem Engel der Gemeinde Sardes schreibe: Das sagt der, der die sieben Geister Gottes hat und die sieben Sterne: Ich kenne deine Werke: Du hast den Namen, dass du lebst, und bist tot. Werde wach und stärke das andre, das sterben will, denn ich habe deine Werke nicht als vollkommen befunden vor meinem Gott. So denke nun daran, wie du empfangen und gehört hast, und halte es fest und tue Buße! Wenn du aber nicht wachen wirst, werde ich kommen wie ein Dieb, und du wirst nicht wissen, zu welcher Stunde ich über dich kommen werde. Aber du hast einige in Sardes, die ihre Kleider nicht besudelt haben; die werden mit mir einhergehen in weißen Kleidern, denn sie sind es wert. Wer überwindet, der soll mit weißen Kleidern angetan werden, und ich werde seinen Namen nicht austilgen aus dem Buch des Lebens, und ich will seinen Namen bekennen vor meinem Vater und vor seinen Engeln. Wer Ohren hat, der höre, was der Geist den Gemeinden sagt!"

Offenbarung 3, 1-6

Was sagt der Geist den Gemeinden? Verstehen wir seine Sprache? Hören wir auf seine Stimme? Merken wir auf sein Wehen?
Der heilige Geist hat es schwer in diesen Tagen. Es ist zu schrill für ihn. Es ist zu laut für ihn. Es ist grell. All überall leuchten Lichter. Aber mit der Erleuchtung ist es nicht weit her. Alle Jahre wieder stehe ich fassungslos vor derselben Theaterbühne: Viel Wind, wenig Geist. Viele Lampen, wenig Licht. Viel Lametta, wenig Inhalt. Viel Geschrei, wenig Worte.
Längst hat die Fremdübernahme, die Entkernung des Weihnachtsfestes stattgefunden. Längst sind Advent- und Weihnachten zu Markenzeichen einer hemmungslosen, aber ahnungslosen Konsumgüter-Industrie verkommen.
Hatte die Christengemeinde nicht einmal das Urheberrecht? Hatten Advent und Weihnachten nicht einmal etwas mit Jesus Christus zu tun? Warum nur ist uns Christen die Sache derart entglitten? Sind wir selbst schuld an der Entwicklung? Haben wir Advent und Weihnachten zu billig verramscht und zu harmlos unbedeutend gepredigt?
Ich weiß nicht, wie Gott im Himmel darüber denkt, was wir weithin aus Advent und Weihnachten gemacht haben. Weiß nicht, ob er das gut findet, was hier auf Erden abgeht. Wie sein Sohn vermarktet wird. Wie aus seinem

Sohn, der für uns starb und auferstand, eine kitschige Krippenfigur gemacht wird.
Vielleicht sieht Gott die Sache mit Weihnachten ja auch gar nicht so eng. Vielleicht sieht er sie mit Humor, mit Galgenhumor gar, wer weiß das schon so genau.
Schauen wir lieber auf diejenigen, die sich bewusst dem Trubel entziehen und in diesen Tagen die Stille zum Gebet und zur Andacht suchen! Schauen wir auf uns, die wir uns auch gern verführen lassen! Gehen wir in die Selbstkritik! Schauen wir auf unsere kostbare, glaubensstarke Gemeinde! Wie sie singt, wie sie betet, wie sie sich freut in diesen Tagen! Seid froh dieweil!
Doch was ich lese und zu predigen habe an diesem Advent, macht mich nicht unbedingt froh, sondern ernst und nachdenklich. Eben diesen Charakter trägt der Advent: Er ist ernst, er will nachdenklich machen.
Gewichtig sind die Worte, die aus der Offenbarung des Johannes zu uns hinüberwehen aus längst vergangenen Tagen. Gewichtig, bedrängend aktuell. Advents-Worte. Knurrig, schwer verdaulich. Worte, die uns sagen: Bedenkt euren Zustand, bedenkt euer Leben, bedenkt euer Handeln! Adventszeit ist Bußzeit, ist Besinnungszeit, Zeit zur Einkehr und zur Umkehr. Was lässt Gott durchgehen, was nicht mehr? Worüber freut er sich, was provoziert seinen Unmut?
Jesus Christus weiß das. Er ist im Bilde Gottes. Er kennt und er denkt die Gedanken Gottes und findet einen Weg, das im Himmel Gedachte zur Erde zu bringen. Das Ewige also irdisch zu machen, les- und verstehbar für die Menschen. Christus sucht einen Mittler und findet ihn in Johannes, den einsamen Insulaner. Johannes ist ein außergewöhnlich sinnlicher Mensch, nicht ganz von dieser Welt, aber ein Segen für die Welt.

Johannes ist spürig. Johannes ist durchlässig. Johannes ist visionär begabt. Was „von oben" kommt, geht in ihn hinein und durch ihn hindurch. Dann sagt er, was er sieht und sah, was Christus ihm ein- und ansichtig macht. Er formt aus dem göttlichen Wort ein menschliches und macht es lesbar, indem er Buchstaben an Buchstaben setzt. Schreibe!
Und er schreibt. Schreibt sich die Finger wund mit übervollem Kopf und zitternder Seele. Schreibt, was durch ihn durchgeht, was ihm einfällt, was ihm auffällt. Schreibt mit heißer Feder, schreibt der Gemeinde in Sardes.
Sardes ist die ehemalige Hauptstadt des antiken Königreiches Lydien, heute die türkische Stadt Sart in der Nähe von Izmir. Sardes gehört zu sieben urchristlichen Gemeinden. Die übrigen sechs heißen: Ephesus, Smyrna, Pergamon, Thyatira, Philadelphia, Laodizea. Klangvolle Namen. Große Geschichte. Viele Geschichten.
Sardes lebt. Sardes pulsiert. Die günstige strategische Lage zieht Kaufleute an. Militärisch stark, ist die Stadt angriffssicher. Das muss sie auch sein, denn in ihr gibt es Gold. Die Schmuckindustrie blüht, ebenso die Korruption.
Der äußere Schein ist wunderbar. Alles glänzt, es sieht aus wie bei uns an Weihnachten.
Wir alle sind froh, dass wir nicht darben müssen. Dass es uns gut geht und wir zumeist mehr haben, als wir tatsächlich benötigen. Es geht uns so gut, dass wir schon gar nicht mehr wissen, was wir unseren Lieben und weniger Lieben schenken sollen. Denn die haben schon alles, und wir haben auch schon alles.
Der Wohlstand ist ein Segen. Aber Segen und Fluch liegen dicht beieinander. Ist der Mensch zu satt und zu behäbig, wird er schnell bequem, denkfaul und undankbar. Und will immer mehr. Er lebt grenzenlos in einer begrenzten Welt und über seine Verhältnisse, aber das merkt er gar nicht. Er hält diese Art

des übersatten Lebens für normal und wundert sich höchstens, dass nicht alle so leben wie er.

Es muss nicht so sein, aber es ist meistens so: Im Wohlstand geht die Demut flöten. Im Wohlstand verflüchtigt sich der Glaube. Im Wohlstand verliert man das Gefühl für die wahren Werte. Im Wohlstand gehen Maßstäbe verloren.

Warum ist vielen Menschen in unserem Land der christliche Glaube gleichgültig? Warum treten so viele aus der Kirche aus? Warum verschwinden die christliche Kultur und die christliche Ethik immer mehr aus dem öffentlichen Leben? Warum sind wir auf dem Weg in eine Rüpel-Gesellschaft, warum sägen wir uns den abendländisch-christlichen Kulturast ab, auf dem wir alle sitzen?

Christen machten und machen Fehler. Die Kirchen, ob evangelisch oder katholisch, sind nicht frei von Fehlverhalten und Schuld. Davon haben wir im Zusammenhang der skandalösen Ereignisse um den Limburger Bischof Tebartz van Elst ja genug gehört und gelesen.

Aber diese Fehler und Fehlentwicklungen, die sich auf politischer Ebene in weit größerem Umfang finden, rechtfertigen nicht eine pauschale ätzende Kirchenkritik, wie wir sie nicht erst seit geraumer Zeit in zahlreichen Medien zu hören, zu lesen und zu sehen bekommen. Mit welcher Zerstörungslust und mit welcher Häme sie über die Kirche und selbst über das Christentum als prägende Religion des Abendlandes herfallen, ist schäbig und schadet nicht nur den Kirchen und Gemeinden in unserem Land, sondern der gesamten, auf christlichen Werten beruhenden Gesellschaftsordnung.

Wache Christen stellen sich jeder Kritik. Unsere Kirche muss auch immer wieder neu selbstkritisch auf ihr Reden und Handeln schauen. Das ist wohl selbstverständlich und gut reformatorisch. Aber sie muss sich mit Händen und Füßen und mit dem Evangelium gegen jene ihrer Kritiker wehren, die mit Spott und Hohn herfallen über Gott und Sohn.

Sardes ist überall. Du hast den Namen, dass du lebst, und du bist tot. Eine tote Kirche. Eine tote Gemeinde.

In Sardes ist die Gemeinde deshalb tot, weil sie Gold mehr liebt als Gott. Deshalb tot, weil sie das, was sie empfangen und gehört hat, nicht beschützt und bewahrt wie einen großen Schatz, sondern leichtsinnig fahren lässt.

Sardes sollte uns Warnung und Mahnung sein. Wir sollten uns dieselben Fragen stellen, die Jesus Christus durch Johannes der Gemeinde stellt:

Verramschen wir leichtfertig den Schatz des Evangeliums auf dem Markt der religiösen Möglichkeiten? Reichen unsere guten Werke der Barmherzigkeit? Wo und in welcher Situation schämen wir uns unseres Glaubens? Was ist uns unser Glaubensbekenntnis wert? Bewahren wir die Lehre, achten wir die Bibel?

Viele Fragen. Wer sie an sich herankommen lässt, begibt sich auf einen guten Weg. Wer danach fragt, was gut ist und recht ist und heilsam, überwindet bereits die Trägheit und Müdigkeit und wird wieder wach.

Christus will, dass wir bei ihm bleiben und dann, wenn wir merken, dass wir uns von ihm entfernt haben, wieder zu ihm zurückkehren.

Er lockt mit dem weißen Kleid. Er lockt mit dem Eintrag ins Buch des Lebens.

Wer Ohren hat, der höre, was der Geist den Gemeinden sagt!

Weihnachten

Geheimsache

„Groß ist, wie jedermann bekennen muss, das Geheimnis des Glaubens: Er ist offenbart im Fleisch, gerechtfertigt im Geist, erschienen den Engeln, gepredigt den Heiden, geglaubt in der Welt, aufgenommen in die Herrlichkeit."

1. Timotheus 3, 16

Ohne Gott ist die Welt absurd. Mit Gott ist die Welt ein Geheimnis.
Über das Geheimnis des Christus-Glaubens möchte ich reden in dieser Nacht und über das Wesen von Geheimnissen überhaupt.
Gelöste Geheimnisse sind keine Geheimnisse mehr. Als ich dahinter kam, dass nicht das Christuskind persönlich die Weihnachtsgeschenke bringt, sondern Vater und Mutter sie unter den Weihnachtsbaum legen, verlosch für mich ein Stern am lichten Firmament. Warum nur auch hatte ich durchs Schlüsselloch ins weihnachtliche Zimmer schauen und mir selbst alle meine Vorfreude auf den heiligen Abend zerstören müssen! Weihnachten hatte seine Unschuld verloren und seinen märchenhaften Zauber eingebüßt. Es war nicht mehr das Fest für mich, das es einmal gewesen war. Ich selbst war schuld daran!
Gelöste Geheimnisse sind keine Geheimnisse mehr. So ging es weiter, Jahr um Jahr. Geheimnisse lösten sich auf, je älter ich wurde. Schleier lüfteten sich. Traumwelten verschwanden.
Weder kam das Christkind an Weihnachten auf die Erde noch brachte der Storch die Kinder. Den Osterhasen gab es nicht und nicht den Mann im Mond. Langsam, aber zwangsläufig rutschte ich in die entmythologisierte

Erwachsenenwelt. In diese aufgeklärte, abgeklärte, kalt-rationale Welt der Wissenden, die keine Geheimnisse duldet.
Logik und Beweise engten fortan meine bunte Phantasie-Welt ein. Für Träumereien am Kamin, für Illusionen und Visionen, fehlte zunehmend die Zeit. Damit landet der Mensch ohnehin nur, so sagte man mir, auf der Couch des Psychoanalytikers. Visionäre und Utopisten passen nicht zur realen Wirklichkeit der Vernünftigen. Sie stören nur und machen Unruhe.
Ich durfte nicht der bleiben, der ich einmal war, nicht der verträumte kleine Junge bleiben, der ich so gerne bleiben wollte.
Lerne! sagte meine Mutter, dann wird sogar etwas aus Dir, der Du mit Deinen versponnenen Gedanken immer woanders bist!
Und ich lernte, was Kinder und Jugendliche und Erwachsene so lernen und wohl auch lernen müssen, ich bin ja kein Feind der Aufklärung. Ich häufte Erkenntnisse an und sammelte Argumente, schärfte den Verstand, korrigierte laufend mein Welt- und Gottesbild, las Bücher massenweise, begab mich auf den langen, mühsamen Weg der Erkundung immer neuer, immer größer und komplizierter werdender Wissensgebiete.
Das alles war schon interessant und machte mich nicht dümmer. Es machte mich aber auch nicht glücklicher. Nicht weiser, nicht besser, nicht heiler, nicht frömmer.
Gelöste Geheimnisse sind keine Geheimnisse mehr.
„Groß ist das Geheimnis des Glaubens", schreibt der ansonsten für seine Scharsinnigkeit berühmte und gefürchtete Apostel Paulus an seinen Freund Timotheus. Dann nähert er sich dem Christus-Geheimnis überaus vorsichtig, überaus achtsam. Er tastet sich heran, berührt es sanft, ohne es anzufassen, umkreist es gedanklich mit Ehrfurcht und Respekt, ohne es wissenschaftlich zu beschreiben oder zu beurteilen oder zu bewerten oder zu analysieren oder chirurgisch zu zerlegen.

Wenige kostbare ausgewählte Worte genügen. Sie fügen sich zu einem berühmt gewordenen Hymnus, zu einem Gedicht der ganz besonders feinen biblischen Art. Dicht die Sprache, dem Christus-Geheimnis angemessen:
„Er ist offenbart im Fleisch, gerechtfertigt im Geist, erschienen den Engeln, gepredigt den Heiden, geglaubt in der Welt, aufgenommen in die Herrlichkeit."
Ist das nicht weihnachtlich schön, zauberhaft schön? So schön wie die alten Weihnachtsliedern mit ihren zerbrechlichen Texten. Wehe, wenn diese zerbrechlichen, diese so fein gesponnenen Texte in die Hände von Textkritikern geraten und die ebenso fein gesponnenen Melodien in die Hände moderner Komponisten! Alles wäre kaputt. Das zauberhaft Schöne, das fein Gesponnene, wäre dahin.
Es ist und bleibt – Gott sei Dank - ein unauslotbares Geheimnis, was in jener Nacht der Geburt Jesu geschah. Es ist und bleibt ein unlösbares Geheimnis, warum Gott in diesem Menschen als Kind zur Welt kommen wollte – Dir Mensch zugute.
Gewiss kann man eine Menge Kluges, auch Banales und Langweiliges zu dem Geheimnis der heiligen Nacht sagen. Bethlehem, die Krippe, Josef und Maria, die Hirten auf dem Felde, die Engel, dazu Ochs und Esel – dieses herrlich unkonventionelle Szenarium bietet ja Stoff in Hülle und Fülle für Auslegungen, Geschichten, Interpretationen und Predigten!
Alles Reden jedoch, alles Auslegen, alles Mühen, so gut es auch gemeint ist, kann das Geheimnis der Heiligen Nacht, das Geheimnis der Menschwerdung Gottes, den Sinn dieses göttlichen Unternehmens, weder erfassen oder entschlüsseln. Das ist gut so. Hätten wir den Code, mit dem sich das Geheimnis der Menschwerdung Gottes lüften ließe, könnten wir Gott also direkt in seine Gedanken, in seine Karten schauen, dann wäre uns auch nicht

wohler. Dann wären wir – am Ende. Die Heilige Nacht würde uns nicht mehr berühren, sie würde uns kalt lassen. Sie wäre nicht mehr zauberhaft, nicht mehr still und heilig, sie wäre nur noch eine Nacht unter zahllosen anderen Nächten.

Wer ein Geheimnis zerredet, kann ihm nicht mehr begegnen, kann sich nicht mehr einhüllen in seine Aura und nicht wärmen an seinem Feuer.

Albert Einstein sagte: „Der Mensch, der seine Augen vor dem Geheimnis verschließt, geht durchs Leben, ohne überhaupt etwas zu sehen."

Meinen Konfirmanden in der Gemeinde sage ich regelmäßig: Lernt Geheimnisse lieben und haltet Fragen offen! Werdet nicht fertig, dann seid ihr fertig! Man kann nicht alles erklären. Man sollte auch nicht und schon gar nicht krampfhaft für alles eine Erklärung suchen. Sind wir denn zufriedener und glücklicher geworden, seitdem wir die Bausteine des Lebens aufsagen und aneinanderreihen können wie Kinder ihre Lego-Bausteine? Den Code des menschlichen Lebens haben wir entschlüsselt. Dafür haben wir einen hohen Preis bezahlt: Wir haben die Ehrfurcht vor dem Leben verloren, vor dem Geheimnis der göttlichen Seele, die allem Lebendigen innewohnt.

Ich vermute: Wer alles beweisen und allem und jedem auf die Schliche kommen will, hat Angst. Wer einen Liebes-Beweis einfordert, weil er der Liebe nicht traut, zerstört die Liebe. Wer seinen Freund ausspioniert, weil er dem Freund nicht traut, verliert den Freund. Wer nur glaubt, was er sieht, übersieht das Wesentliche in der Welt und geht beschränkt durchs Leben, ist doch das Wesentliche für das Auge unsichtbar.

Wer den Menschen allein als Summe seiner biologischen Bausteine betrachtet, wird schnell zum emotionslosen Analytiker.

Zu Recht beklagen wir eine zunehmende Kälte und Nüchternheit im Umgang miteinander. Die Ideologie von der „Machbarkeit aller Dinge", die dem Geheimnis und dem Unverfügbaren keinen Raum mehr lässt, bekommt uns nicht und macht uns allesamt krank, denn sie geht einher mit einer gnadenlosen Ausbeutung und Ausspähung des Menschen.

Die Gesellschaften der Postmoderne leiden allesamt an einer schlimmen Krankheit. Ich nenne diese Krankheit „Herzensarmut." Sie macht, dass die Starken immer stärker werden, die Unverschämten immer unverschämter, die Rücksichtslosen immer rücksichtsloser. Unter die Räder und ins gesellschaftliche Abseits geraten die Schwachen, die Anständigen, die Rücksichtsvollen.

Die Ehrfurcht vor Geheimnissen schwindet. Tabus zerbrechen. Grenzen des Anstandes werden niedergetrampelt. Geld regiert die Welt wie noch nie.

Herzensarmut macht aus Menschen kühle Rechner und berechnende Technokraten.

Das Geheimnis der Menschwerdung Gottes ist das größte und kostbarste Geheimnis, das uns geschenkt und anvertraut ist. Es tut uns gut. Es macht froh und friedlich. Es nimmt uns die Angst. In ihm ruht die unbegreifliche Liebe Gottes zu uns Menschen.

Darum freuen wir uns ja alle Jahre wieder auf die Advents- und Weihnachtszeit. Wir schmücken Haus und Wohnung mit festlichem Zierrat, machen es uns fein und gemütlich, genießen die Stimmung mit allen Sinnen und werden wieder wie die träumenden Kinder.

In der Kirche unter dem Weihnachtsevangelium müssen wir rein gar nichts leisten. Wir dürfen genießen. Wir dürfen aufatmen, wenn uns erzählt wird, was sich begab zu der Zeit, als ein Gebot von dem Kaiser Augustus ausging. Niemand will etwas von uns. Niemand schreit nach uns. Niemand zehrt an uns. Niemand will uns belehren. Wir dürfen uns erfreuen am Christus-Geheimnis: „Er ist offenbart im Fleisch, gerechtfertigt im Geist, erschienen den Engeln, gepredigt den Heiden, geglaubt in der Welt, aufgenommen in die Herrlichkeit."

Ich glaube, es sind die wunden Seelen, die am ehesten in der Lage sind, sich der Botschaft von der Menschwerdung Gottes zu öffnen und ihre heilende Kraft zu spüren. Wunde Seelen sind arm, verwaist und elend. Für wunde Seelen ist es ganz schwierig zu vertrauen. Aber wenn sie vertrauen, dann geht das in die Tiefe.

Vertrauen führt zur Heilung. Wer dem Geheimnis der Menschwerdung Gottes vertraut, gibt sich und dem Leben in seiner Fülle eine Chance.

Gott sendet seinen Sohn. Der Heiland ist geboren. Gott meint es gut mit uns.

Kleingedrucktes

„Und du, Bethlehem Efrata, die du klein bist unter den Städten in Juda, aus dir soll mir der kommen, der in Israel Herr sei, dessen Ausgang von Anfang und von Ewigkeit her gewesen sind. Indes lässt er sie plagen bis auf die Zeit, dass die, welche gebären soll, geboren hat. Da wird dann der Rest seiner Brüder wiederkommen zu den Söhnen Israel. Er aber wird auftreten und weiden in der Kraft des Herrn und in der Macht des Namens des Herrn, seines Gottes. Und sie werden sicher wohnen; denn er wird zur selben Zeit herrlich werden, so weit die Welt ist. Und er wird der Friede sein."

Micha 5, 1-4

Gertrud Fussenegger, die 2009 in Linz verstorbene österreichische Schriftstellerin, veröffentlichte in dem 1974 erschienenen Lyrikband „Widerstand gegen Wetterhähne" folgende Zeilen:
„Wer wusste denn schon in jenen Tagen im gewaltigen Rom, im heiteren Capua, im hochgelehrten Alexandrien, von dem armen, entlegenen Nest am

Rand der judäischen Wüste, Bethlehem, für das man erst Prophetenmund bemühen musste, dass er versichere, es sei nicht eben die geringste unter den Städten, wer wusste wohl davon? Wer von den Ratgebern des Augustus, wer von den Eierköpfen Alexandriens, und welcher Dandy in den capuanischen Bädern kam auf die – perfekt absurde – Vermutung, dass sich dort in der verächtlichen Provinz in einem schmutzigen Stall, den ein mürrischer Wirt an Obdachlose vermietete, dass sich gerade dort etwas Wichtiges habe begeben können? Und wenn sie, diese Klugen, informiert, wie sie waren, bewusstseinserweitert, progressiv und gewitzigt über die Zukunft der damals bekannten Menschheit diskutierten, waren sie sich ganz sicher, dass sie den Pulsschlag der Zeit erlauscht, dass ihre Ohren das Gras wachsen gehört, dass ihre untrüglichen Intelligenzen die unterirdischen Schübe des Schicksals im Voraus bereits erraten hatten. Doch keiner fuhr auf in jener Nacht von seinem Bett mit gewaltigem Herzklopfen. Nur von den Hirten wurde uns berichtet: Sie haben bei ihren Herden gewacht. Auch heute schlafen zu viele traumlos auf dem Kissen der Eitelkeit."
Warum kam Gottes Sohn nicht in Rom, nicht in Jerusalem zur Welt? Angemessen wären diese geschichtsträchtigen Städte doch gewesen, immerhin geht es beim Gotteskind nicht um ein Allerweltskind! Allerweltskinder wie wir werden an Allerweltsorten geboren. Aber, so dachten alle, selbst die in religiösen Angelegenheiten Kundigen, doch nicht dieses Messias-Kind, das die Welt bewegen und aus den Angeln heben würde wie kein anderes Kind, kein anderer Mensch! Dazu die Umstände. Jämmerlich. Ab und zu erzählen mir ältere Menschen, unter welchen Bedingungen sie auf die Welt kamen. Während des Krieges auf der Flucht im eiskalten Winter 1945. Oder im brennenden Dresden in irgendeinem überfüllten Schutzkeller. Mein Gott! Wo werden mitten im blutigen Bürgerkrieg die syrischer Kinder

geboren, wo und unter welchen lausigen Bedingungen die Kinder in den Slums Brasiliens? Vergessen wir die armen Kinder und ihre geschundenen Mütter und traumatisierten Väter nicht am Fest der Geburt des Sohnes Gottes!

Gut, dass er damals sagte: Ich komme wieder. Gut, dass wir glauben dürfen: Er wird die Welt erlösen vom Elend und die Schurken entmachten.

Weihnachten setzt den Anfang der neuen Zeit. Der Friede bekommt einen Namen. Jesus heißt: Gott hilft. Immanuel heißt: Gott ist mit Dir. Der erwählt sich für die Niederkunft ins Irdische ausgerechnet Bethlehem. Das steht zwar irgendwo versteckt geschrieben beim Propheten Micha. Die Propheten freilich haben viel geschrieben oder schreiben lassen, das kann man doch nicht alles lesen und wissen, und ob man das glauben kann, steht noch einmal auf einem anderen Blatt. Glauben wir denn alles vorbehaltlos, was in der Bibel steht, lesen wir die Heiligen Schriften überhaupt noch mit der Lupe, was wir eigentlich tun sollten? Eben.

Gott liebt ganz offenbar das Kleingedruckte und macht sich einen Spaß daraus, die neunmalklugen Eierköpfe in Alexandrien und anderswo heftig zu verstören.

Kleingedrucktes steht meist unter den Verträgen. Die sind im Großdruck, doch das Kleingedruckte ist viel wichtiger. Im Kleingedruckten steht die Wahrheit, im Falle Micha ist sie göttlich.

Gott liebt nicht nur das Kleingedruckte. Er liebt das Kleine und die Kleinen überhaupt. Dazu ist er ein Gott faustdicker Überraschungen.

Wir denken oft: Wo Gott ist, wo Er wirkt, da geht es laut, da geht es herrlich, da geht es ganz und gar nicht erdig zu, sondern eben himmlisch mit Getöse. Die himmlischen Heerscharen stellte ich mir schon als Kind vor wie eine große Bigband, bestehend aus weiß gekleideten Engeln, die ihre Backen aufblasen zum Trompetenspiel.

Mit Gott verbinden wir das Große, das Unermessliche, das Gewaltige und Ungestüme. Und lernen jetzt und angesichts der weihnachtlichen Umstände, dass Gott bei aller seiner Größe und Allmacht die Fähigkeit besitzt, sich klein, ganz klein zu machen.

Auch hat er einen Narren gefressen an den Unscheinbaren, die man nicht sieht, die nicht vorkommen in den Zeitungen, die nicht im Scheinwerferlicht der Medien stehen und sich dort auch nicht hindrängeln wie die Großen, die Eitlen, die Reichen und die Schönen.

Die Unscheinbaren wohnen und arbeiten im Verborgenen. Schauen wir uns nur den Josef an! Ein Durchschnittsbürger, der seine Steuern zahlt und seine Pflichten kennt. Seine Arbeit macht er recht und gut, und ohne ihn geht nichts im Stall von Bethlehem. Er ist ein braver Zimmermann, den niemand kennt und der nun groß herauskommt, weil Gott ihn auserwählt und braucht für sein geplantes Meisterwerk in Bethlehem.

Der Ort ist auch bei Licht besehen nicht der Nabel der Welt. Paläste stehen anderswo. Aus diesem Nest, so sagt man später, als der dort Geborene erwachsen ist und predigt, kann ja nichts Gutes kommen.

Bethlehem ist jetzt in aller Munde, und das nicht nur zur Weihnachtszeit. Jedes Kind kennt Bethlehem und weiß, dass Jesus dort geboren wurde. So macht Gott auf seine Art Geschichten und Geschichte!

Michas Worte über Bethlehem stammen aus schrecklicher Zeit. Als die Babylonier im Jahre 587 vor Jesu Geburt Jerusalem belagern, bahnt sich das Ende der so großen und so prächtigen Stadt an. Klage, Tränen, Angst, wohin man blickt, der Tempel geht in Flammen auf. Wie ein Baum, den man fällt, liegt das stolze Königtum der Nachkommen Davids am Boden.

In seiner Klage über Jerusalem, der einst so stolzen Stadt, wendet der Prophet den Blick auf einmal ganz woanders hin. Er schaut in die Ferne, in die Zukunft, schaut weg vom großen gefällten Baum auf den Stumpf, auf den kleinen Rest, auf die Wurzel, auf den Ursprung, auf einen Schössling, auf ein kleines Dorf, neun Kilometer weiter südlich. Bethlehem. Eine winzige Hoffnung auf bessere Zeiten.

Das kleine Dorf und die winzige Hoffnung: Das ist der Boden, auf dem der Advent wächst und Weihnachten glänzt. Ein Stall, Hirten, eine Futterkrippe, Flüchtlingseltern, Orte draußen vor der großen Stadt: Das sind die ärmlichen Zeichen des Kommens unseres Gottes.

Das Motiv ist die Liebe. Die Liebe, die Gott schier verzehrt. Während die Großen dieser Welt nur ein Gelächter übrig haben für die Sorgen der Menschen, sucht Gott in Jesus die Verlorenen, die Kleingemachten, die Übersehenen. Das ist ja der eigentliche Sinn des Kommens Gottes auf die Erde: Dass er in Jesus den Menschen Hoffnung schenkt. Dass Er mit seinem Sohn in dein, in mein Leben kommt als der, der heil macht, was zerbrochen ist in dir, in mir.

Gott in Jesus: Das ist der Heiland, und wo er ist, da wird das Land wieder heil, und im Niemandsland wachsen wieder Bäume.

Und während die intelligenten Weltdeuter und bewusstseinserweiterten progressiven Besserwisser auch heute noch in ihren Betten liegen und auf den Kissen ihrer Eitelkeit pennen, stehen die bedürftigen, kaum gebildeten Nachtarbeiter, die niemand auf der Rechnung hat und niemand wirklich schätzt, bereits im Licht der Ewigkeit.

Die Hirten draußen auf dem Felde sind die Ersten, die der Glanz berührt und so verändert, dass sie nun glänzend dastehen. Sie werden nicht die Letzten sein, denen solches widerfährt.

Merkt Ihr die Umschichtung aller bis dahin gültigen gesellschaftlichen Ordnungsmuster? Die da unten sind auf einmal oben, und die da oben kriegen in ihrer Christusblindheit gar nichts mit.

Zu Sündern wird Jesus als Erwachsener dann gehen und zu den Habenichtsen, zu den Kleingemachten und Kleingehaltenen, was ihm die Oberschicht sehr übel nimmt. Gott kümmert sich.

Maria sang: „Er stößt die Gewaltigen vom Thron und erhebt die Niedrigen. Die Hungrigen füllt er mit Gütern und lässt die Reichen leer ausgehen."

Vielleicht gehörst Du auch zu den Kleingehaltenen oder Kleingemachten. Vielleicht zu denen, die wenig Mut und Hoffnung haben, aber ein angstbesetztes Hasenherz und eine verletzte Seele. Dann gilt dir ganz besonders die Ansage der Engel an die Hirten in der heiligen Nacht: Fürchte dich nicht! Denn dir ist heute der Heiland geboren, welcher ist Christus, der Herr, in der Stadt Davids.

Es wäre schön, wunderschön, wenn dieser Engelsatz, der wichtigste aller Sätze heute Morgen, zu dir durchkommt und bei dir ankommt und im Netz deiner Seele hängen bliebe. Großartig wäre das.

Christus ist geboren. Fürchte dich nicht und sei mutig! Geh aufrecht ihm entgegen! Christus ist geboren. Nun freue dich, Christenheit!

Jahresanfang

Supermann

„Lass dir an meiner Gnade genügen; denn meine Kraft ist in den Schwachen mächtig."
2. Korinther 12, 9

Der Briefteil, in dem unser großes Wort an der Schwelle zum Neuen Jahr steht, ist irritierend. Paulus rühmt sich zunächst seiner herausragenden spirituellen Erlebnisse. Gott, so schreibt der Apostel mit dem Auferstehungslicht in der Seele und dem Kreuz Christi im Fleisch, habe sich ihm mehrfach offenbart. Ins Paradies habe er ihn entrückt, habe ihn Worte hören lassen, die kein Mensch sagen könne.
Gerühmt werden muss. Wer sich nicht selbst ins Licht stellt, für den zündet niemand eine Kerze an. Paulus befindet sich im religiösen Wettkampf mit anderen Aposteln, die sich in Korinth tummeln. Wer ist der Größte unter allen? Wer ist erleuchtet? Wer ist Gottes Liebling, wer Gottes Auserwählter, wer sein legitimer Bote?
Ein bizarrer Wettkampf. Die Protagonisten preisen sich an und hüllen sich in Weihrauch-Nebel. Wer ist der Frömmste im ganzen Land? Wer ist dem Himmel am nächsten, wer schaut dem Allmächtigen über die Schulter? Wer predigt das Wort vollmächtig, geschliffen, überzeugend, rhetorisch glanzvoll?
Gerühmt werden muss. Man soll sein Licht nicht unter den Scheffel stellen, rät schon Jesus den Mauerblümchen. Wer nicht trommelt, wird nicht gehört.
Wer sich nicht anpreist, wird übersehen. Dieser Wettkampf der Eitlen und der Eitelkeiten auf dem religiösen Markt der Möglichkeiten ist Paulus eigentlich zuwider. Er kann, er will, er muss da nicht mithalten. Er tut es trotzdem. Er steigt in den Ring. Er begibt sich auf die Bühne. Will demonstrieren: Schaut

her, ich bin Paulus! Will sagen: Was Ihr Überapostel könnt, das kann ich schon lange. Will klar stellen: Ich war schon im Paradies.

Korinth sucht den Superapostel, Deutschland den Superstar, unser Kirchenbezirk Überlingen-Stockach einen neuen Super-Dekan oder eine neue Super-Dekanin. Super müssen alle sein, gut drauf eben, überzeugend, gesund, dynamisch. Wer will schon einen Schwächling sehen auf der Bühne des Lebens, auf der Kanzel einer badischen Kirchengemeinde?

Schwäche zu zeigen: das ist nicht erlaubt. Nicht in der Gesellschaft, nicht in der Kirche. Wer Schwäche zeigt, fällt durch den Rost. Nur die Harten kommen in den Garten, die Weichen kommen unter die Eichen.

Erbarmungslos ist der Kampf da ganz oben. Nun gut: Die da oben sind in der Politik, in der Wirtschaft, im Sport, die hat man da ja nicht hingeprügelt, die wollten da ja hin. Haben sich durchgebissen. Haben Kopf und Kragen, die Gesundheit und ihr Gewissen riskiert und die Ellbogen benutzt für den Platz an der Sonne im Scheinwerferlicht der Medien. Die da oben kennen die Regeln. Die wissen genau: Wenn ich nicht zuerst schieße, schießt ein anderer auf mich. Ich muss gut sein. Ich muss schnell sein. Ich muss hart sein. Schwäche kann sich da oben niemand erlauben. Dann ist er weg vom Fenster. Dann knipst man ihn aus. Dann lässt man ihn fallen wie eine heiße Kartoffel.

Paulus ist im Zwiespalt. Er ist gut, sehr gut. Er ist besser als die anderen. Er versteht die fundamentale Bedeutung des Kreuzes Christi. Er verarbeitet theologisch, was rein logisch nicht zu erklären ist. Kommt zu Aussagen wie diesen: dass Gott die Weisheit der Welt durch das Wort vom Kreuz zur Torheit gemacht hat. Aber wer will das wirklich hören und wissen?

Die Enthusiasten unter den Verkündigern sind gefragt. Die mit dem Heiligenschein, dem Dauergrinsen im Gesicht und dem wissenden, beinahe

arroganten Glanz in den Augen. Die mit den einfachen Gloria-Botschaften, die sie wie ein Marktschreier unter das Volk werfen.
Zu denen gehört Paulus nicht. Zu denen will er auch gar nicht gehören. Er gehört zu Jesus. Zu dem gekreuzigten Jesus.
Eigentlich ist Paulus gar nicht stark. Eigentlich ist sein Prahlen eine einzige Narretei. Seine Lebensbilanz ist kein Heldenepos. Er weiß das. Entrückt wurde er zwar bis in den dritten Himmel, ins Paradies. Aber als welcher denn? Nicht als Superstar des Herrn. Sondern als ein verletzlicher Mensch, der seinen vergeblichen Kampf führt gegen den Pfahl in seinem Fleisch.
Wer oder was ist dieser Pfahl im Fleisch des Paulus? Ein ungelöstes Rätsel. Satans Engel schlägt ihn mit Fäusten, aber wen oder was meint der Apostel damit? Dreimal hat er zum Herrn gefleht, dass dieser Engel des Satans von ihm weicht. Vergeblich. Die Qual bleibt, der Schmerz, ob seelisch, ob körperlich, ist da und geht nicht weg. Er muss damit leben, findet sogar eine Begründung für seinen chronischen Zustand: Gott will, dass er sich nicht überhebt, nicht selbstherrlich, nicht übermütig wird.
Kann denn ein selbstherrlicher, eingebildeter, von sich selbst überzeugter Mensch glaubwürdig vom Kreuz Christi reden? Er kann es nicht. Existentiell spürt der Apostel das Kreuz Christi in seinem Leben. Es drückt. Es schmerzt. Dieses Kreuz ist sein Kreuz. Christi Elend ist sein Elend.
Wer sind also die Schwachen? Das sind die Ohnmächtigen. Die ohne Macht. Die selbst keinen Einfluss mehr nehmen können auf den Lauf der Dinge. Die Gefangenen. Die Trauernden. Diejenigen, denen man ihr Menschsein mit Menschenmacht abspricht. Die nicht mehr mitkommen. Die auf dem Abstellgleis stehen.
Vielleicht gehörst du auch dazu. Vielleicht schämst du dich sogar deiner Schwachheit. Vielleicht fragst du dich, warum du trotzdem noch lebst. Warum du trotzdem noch glaubst.

Warum du trotzdem noch einen Rest an Mut und Kraft hast. Kraft zum Leben, zum Überleben.

Das liegt an der Gnade. Es ist paradox, so paradox, was Paulus an sich erlebt: „Wenn ich schwach bin, dann bin ich stark." Und doch so wahr.

Wann denke ich am meisten an Gott? Wann bete ich am innigsten zu ihm? Wann ist er mir am nächsten? Wann brauche ich ihn am nötigsten? In der Not. Wenn ich diesen lästigen, bohrenden, plagenden Pfahl im Kreuz oder in der Seele spüre: Dann brauche ich Trost. Wenn ich keine Lust mehr habe und mir der Sinn nicht nach einem neuen Jahr steht: Dann brauche ich Mut.

Gnade ist, wenn du aus der Tiefe zu Gott schreist, und Gott dir in diese Tiefe hinein leise antwortet. Gnade heißt, dass du in deiner Not, in deiner Schwachheit, in deiner Schuld, mit Gott Frieden hast. Gnade heißt, wenn durch deine Tränen hindurch das Licht der Weihnacht in deine Seele fällt. Gnade ist, wenn du nichts mehr hast, aber hast doch noch – die Gnade Gottes als Kraft in dir.

Die reicht. Die muss reichen. Oft genug im Leben muss die Gnade reichen.

„Lass Dir an meiner Gnade genügen; denn meine Kraft ist in den Schwachen mächtig."

Sturm

„Und alsbald trieb Jesus seine Jünger, in das boot zu steigen und vor ihm hinüber zu fahren, bis er das Volk gehen ließe. Und als er das Volk hatte gehen lassen, stieg er allein auf einen Berg, um zu beten. Und am Abend war er dort allein. Und das Boot war schon weit vom Land entfernt und kam in Not durch die Wellen; denn der Wind stand ihm entgegen. Aber in der vierten Nachtwache kam Jesus zu ihnen und ging auf dem See. Und als ihn die Jünger sahen auf dem See gehen, erschraken sie und riefen:

Es ist ein Gespenst! Und schrieen vor Furcht. Aber sogleich redete Jesus mit ihnen und sprach: Seid getrost, ich bin's; fürchtet euch nicht! Petrus aber antwortete ihm und sprach: Herr, bist du es, so befiehl mir, zu dir zu kommen auf dem Wasser. Und er sprach: Komm her! Und Petrus stieg aus dem Boot und ging auf dem Wasser und kam auf Jesus zu. Als er aber den starken Wind sah, erschrak er und begann zu sinken und schrie: Herr, hilf mir! Jesus aber streckte sogleich die Hand aus und ergriff ihn und sprach zu ihm: Du Kleingläubiger, warum hast du gezweifelt? Und sie traten in das Boot und der Wind legte sich. Die aber im Boot waren, fielen vor ihm nieder und sprachen: Du bist wahrhaftig Gottes Sohn!"

Matthäus 14, 22-33

Du stehst auf dem Deich, die See geht hoch, der Sturm jagt dir durch die Rippen, Salz auf der Haut. Gott sei Dank bist du nicht da draußen mitten im Orkan auf irgendeinem Schiff, das sich durch das aufgepeitschte Meer wühlt! Wer bist du, kleiner Mensch, im Angesicht tobender Elemente? Ein Spielball bist du, nicht wirklich mächtig, sondern klein und unbedeutend und gefährdet. Gegen den Sturm kannst du nichts machen. Und wenn dir dann auch noch der Deich unter Deinen Füßen weg bricht, kannst du nur noch beten.
Die Jünger sitzen im Boot ihres Lebens und segeln einem anderen Ufer entgegen. Die Fahrt ist ruhig, langsam gleitet das Lebensboot dahin. Jesus hat sie auf die Reise geschickt, denn er will allein sein für eine Weile. Dem andrängenden Volk entzieht er sich durch einen einsamen Bergspaziergang. Dort oben lässt es sich beten, fernab des Treibens unten im Tal, fernab der vielen Stimmen, die auf ihn eindringen.
Wer bist du? haben sie ihn gefragt, und er hat die Kranken geheilt und auf diese Weise seine Antwort gegeben. 5000 Hungrige hat er soeben gespeist. Ein überzeugendes Zeichen seiner Wirkmächtigkeit! Noch ist Aufregung,

Lärm, Gesang, Geschrei auf dem Gelände in der Nähe vom See Genezaret. Jesus will weg, treibt seine Jünger schon einmal ins Boot, um hinüberzufahren auf die andere Seeseite, er werde dann nachkommen.
Reine Routine ist eine solche Seefahrt für die erfahrenen Fischer. Doch in die reine Routine kann, wir wissen das sehr genau, mit einem Schlag die unvorhergesehene Katastrophe hereinbrechen.
Du gehst zur Routine-Untersuchung, reine Routine. Immer ging alles glatt und unproblematisch über die Bühne. Heute aber nicht. Heute ist alles anders. Heute sagt der Doktor zu dir: Da ist etwas Bedrohliches in deinem Körper, dem müssen wir unbedingt nachgehen.
Deine Ehe: Reine Routine. Gewohnte Rituale, über Jahre hinweg einstudiert. Ruhe, aber vor dem Sturm. Auf einmal der Schock: Die Liebe ist ausgezogen! Er bricht aus, sie hat einen andern.
Wie plötzlich ist er da, der Sturm im Leben! Es schmeißt dich hin und her, der Wind bläst dir scharf ins Gesicht. Du hast das Gefühl, du bewegst dich auf schwankendem Boden. Die Angst kriecht dir in den Nacken.
Kein Leben, das den gefährlichen Sturm nicht kennt! Oder habt ihr noch nie Angst gehabt? Seid ihr noch nie in der Panik, noch nie verzweifelt gewesen, noch nie aus der Fassung geraten?
Eines ist es, dem Sturm auf dem sicheren Deich als Zuschauer beizuwohnen. Da spielt sich das Chaos um dich herum ab, du bist nicht betroffen. Sei dir nicht zu sicher! Das Blatt kann sich wenden von einer Sekunde auf die andere. Auf einmal befindest du dich in schwerer See, und dein Boot des Lebens wird hin- und her geworfen wie eine Nussschale in einem riesigen Ozean.
Gegenwind. Du kommst nicht weiter auf der Leiter des Erfolges. Beruflicher Stillstand, den Wind nicht mehr im Rücken, sondern von vorn. Oder schlimmer noch: Du wirst entlassen. 30 Jahre hat die Firma Dich gebraucht,

jetzt ersetzt ein seelenloser Computer dich und deine Arbeitskraft. Den frischen Brief mit der Kündigung in der Hand spürst du, wie die Planken unter dir nachgeben und deine bisherige Sicherheit schwindet. Ein scheußliches Gefühl!

Die Jünger im Kampf gegen die Wellen auf dem See Genezaret. Hier ein hartes Kommando, dort eines, das Segel in Fetzen, der Mann am Ruder ist bald am Ende seiner Kraft. So, genauso, hat die junge christliche Gemeinde sich erlebt: im Überlebenskampf. Die Wellen schlagen ins Schiff, das sich Gemeinde nennt, und wollen es versenken. Es ist die Zeit der ersten Christen-Verfolgungen.

Die Christen fragen sich: Werden wir überleben? Kommen wir ans rettende Ufer? Wird Jesus uns helfen? Erhört er unsere Gebete, unsere flehentlichen Bitten um Rettung und Beistand in höchster Gefahr?

„Land unter" heißt ein Lied von Herbert Grönemeyer, wir werden es gleich hören. Dieses Lied ist wie ein Gebet – für mich das tiefste Gebet, das ich je in der Form eines Liedes gehört habe.

Grönemeyer hat es ab und an mit Gott. Ob er christliche fromm ist, weiß ich nicht. Vielleicht ahnt er nicht einmal, wie viele Menschen beim Anhören seines „Land unter" religiös bewegt werden!

„Der Wind steht schief, die Luft aus Eis, die Möwen kreischen nur. Elemente duellieren sich, Du hältst mich auf Kurs. Hab' keine Angst vorm Untergehn, Gischt schlägt ins Gesicht. Kämpf mich durch zum Horizont, denn dort treff ich dich."

Da ist Einer in dem Grönemeyer-Lied, der die Angst vorm Untergehn dämpft. Einer, auf den du zusteuerst, der dich auf deiner Fahrt durch tobende Elemente aushalten und kämpfen lässt, damit du überlebst. Noch siehst du diesen Einen nicht, aber du weißt, dass er da ist und zu dir ins Boot steigen und das Ruder in die Hand nehmen wird. Du willst ein Zeichen von Ihm, willst wissen, wo er ist, deshalb betest du: „Mach die Feuer an, damit ich dich finden kann, steig zu mir an Bord! Übernimm die Wacht, bring mich durch die Nacht! Rette mich durch den Sturm! Fass mich ganz fest an, dass ich mich halten kann! Bring mich zum Ende; lass mich nicht mehr los."

Der Himmel heult, die See geht hoch, es ist schon die vierte Nachtwache. Im Jüngerkreis wächst die Angst. Warum denn nur ist Jesus nicht mitgefahren? Mit ihm an Bord wäre alles leichter. Da wäre der Sturm zwar auch über sie gekommen, aber mit Jesus im Lebensboot wäre die Not nur halb so groß.

Vielleicht muss uns das Wasser erst bis zum Halse stehen, ehe wir so nach Jesus rufen, wie Grönemeyer in seinem Lied unausgesprochen nach Jesus ruft: „Fass mich ganz fest an, dass ich mich halten kann!" Wir brauchen Ihn doch fürs Leben und fürs Sterben. Wir brauchen doch den Einen, der uns an die Hand fasst wie einst unsere Mutter, und dann zu uns sagt: Es wird gut, alles wird gut, du musst dir nicht so viele Sorgen machen, ich fange dich auf, wenn alle Stricke reißen.

Auf einmal ist Er da. Wie aus dem Nebel taucht Er auf, wo es doch eigentlich unmöglich ist, aufzutauchen. Deshalb halten Ihn die Jünger auch für ein Gespenst.

Als kleiner Junge auf dem Schiff meines Vaters, der war Seemann, erzählten mir die Seeleute allen Ernstes, dass es den Klabautermann gäbe. Ich würde ihn schon sehen, wenn ich genau genug hinschauen würde übers Wasser! Seemannsgarn!

Dafür mögen auch viele Leser oder Hörer unsere Erzählung halten, für evangelisches Seemannsgarn. Aber eben solche Leser oder Hörer mögen bedenken, dass es in unserer Geschichte nicht um ein seemännisches Mirakel oder ein zauberhaftes Kunststück geht, sondern um eine handfeste Erfahrung: Der Herr kommt, wenn man gar nicht mit ihm rechnet.

Schlagartig verändert sich die Szene. „Ich bin's! Fürchtet Euch nicht!"
Wo Er unvermittelt auftaucht wie aus einer Nebelwand, vermindert sich die Wellenhöhe augenblicklich. Du spürst den Trost des Evangeliums. Der Sturm in deiner Seele verliert an Geschwindigkeit. Nicht mehr Stärke 12, Stärke fünf vielleicht oder gar nur noch Stärke vier.

Mit dieser überraschend-wundersamen Wende des dramatischen Geschehens könnte unsere Geschichte zu Ende sein, gäbe es nicht den, der es nun genau wissen möchte: Petrus, Held und Niete zugleich, ein Mensch mit vielen Gesichtern. Aber mutig ist er: „Herr, bist Du es, so befiehl mir, zu dir zu kommen auf dem Wasser!"

Das ist der ultimative Glaubenstest. Ist Jesus der Herr, gehe ich nicht unter in den Stürmen des Lebens. Er hält mich. Er sorgt dafür, dass ich nicht ertrinke. Wenn Er mich ruft, kann ich übers Wasser gehen – und auch durch alle Feuer hindurch.

Der Glaube trägt. Eine wunderbare Erfahrung! Er trägt aber nur, solange ich auf Jesus schaue. Ändere ich die Blickrichtung weg von ihm hin auf den hohen Wellengang, auf die tosende, kochende See, dann saufe ich ab. Dann ertrinke ich in meinen Sorgen und Ängsten, dann gehe ich unter, dann ist es aus mit mir.

Wohin schauen wir zuerst? Warum ist unsere Angst oft so viel größer als unser Vertrauen?

Du Kleingläubiger! Sanft und gar nicht tadelnd nimmt Jesus den Zweifelnden an die Hand und zieht ihn aus dem Schlamassel. Komm zu mir, sagt er. Ob wir uns trauen?

Dann legt sich der Wind.

Selbstruhm

„So spricht der Herr: Ein Weiser rühme sich nicht seiner Weisheit, ein Starker rühme sich nicht seiner Stärke, ein Reicher rühme sich nicht seines Reichtums. Sondern wer sich rühmen will, der rühme sich dessen, dass er klug sei und mich kenne, dass ich der Herr bin, der Barmherzigkeit, Recht und Gerechtigkeit übt auf Erden; denn solches gefällt mir, spricht der Herr."

Jeremia 9, 22.23

Sei wie das Veilchen im Moose, bescheiden, sittsam und rein. Nicht wie die stolze Rose, die immer bewundert will sein.
Das Poesiealbum meiner Schwester ist eine wahre Fundgrube seltsam-konservativer Sprüche aus einer altmodischen Welt mit einer fragwürdigen Moral. Möchten Sie etwa sein wie ein Veilchen im Moose? Möchten Sie etwa ein bescheidenes Mauerblümchen-Dasein führen?
Bescheiden, sittsam, rein. Die 60er Jahre lassen grüßen, mit ihnen das elterliche Erziehungsideal dieser Zeit. Ungefragt wurde es von der jungen Nachkriegs-Generation erst einmal übernommen, landete als Spruch millionenfach in Poesiealben.
Sei wie das Veilchen im Moose. In diesem Sinne war meine fünf Jahre ältere Schwester leicht zu beeinflussen und zu erziehen. Ich dagegen war damals schon rebellisch, ließ mir nichts vorschreiben, hörte die Rolling Stones, diese dreckige Band, und rauchte Gitanes, weil ich sein wollte wie James Dean oder wie Jean-Paul Sartre – unangepasst, aufmüpfig, unkonventionell. Aus mir, so schwor ich mir damals, sollte kein Veilchen im Moose werden, eher ein unbeugsamer, unbequemer Zeitgenosse – einer wie Jeremia.

Die Lebensklugheit eines Heinrich Böll, die Intelligenz eines Günther Grass und die Warmherzigkeit eines Heinrich Albertz beeindruckten mich ebenso wie die Stärke und das große Maul eines jungen farbigen Boxers namens Cassius Clay, der sich später, zum Islam konvertiert, Muhammad Ali nannte. Weise wollte ich werden wie Gandhi und stark dazu wie Muhammad Ali, weniger mit der Faust, eher mit dem Mundwerk. Reich dagegen wollte ich nicht unbedingt werden, das war kein Lebensziel für mich, denn Reichtum passte nicht zu meiner jugendlichen Ideologie von Barmherzigkeit und Recht und Gerechtigkeit.

Weisheit, Stärke, Reichtum: Nicht das Schlechteste, was einem Menschen im Leben passieren kann! Lohnende Lebensziele allemal. Bist du weise, bist du stark, bist du reich, kann dir eigentlich nichts geschehen auf dieser Welt. Dann hast du ein Auskommen und zugleich eine passable gesellschaftliche Stellung.

Sei oder werde also nicht wie das Veilchen im Moose – sei nicht zu bescheiden, nicht zu sittsam, nicht zu rein und zu angepasst! Werde weise, werde stark, meinetwegen auch reich! Mache etwas aus dir und deinem Leben, nutze in jedem Fall deine Talente!

Weisheit wünschte sich der blutjunge König Salomo, als Gott ihm im Traum erschien und ihn fragte, was er denn wohl am besten brauchen könne für die rechte Ausübung seines großen Amtes. Schwer beeindruckt von diesem weisen Wunsch, schenkte ihm der Herr Weisheit in Fülle und Stärke und Reichtum gleich dazu. Derart üppig mit kostbaren Gottesgaben ausgestattet, konnte der dritte König Israels ein Riesenreich 40 Jahre lang erfolgreich regieren. Salomo führte keine Kriege, mehrte den Wohlstand seines Volkes und übte Gerechtigkeit gegenüber jedermann.

Einen solchen weisen Menschen wie Salomo hätten wir gewiss alle gerne als Führungspersönlichkeit in unserem Land – am liebsten wohl als Bundespräsidenten!

Der Prophet Jeremia hat nichts gegen Weisheit, Stärke oder Reichtum. Gesegnet der Mensch, der so hervorragend ausgestattet, so reichlich gesegnet ist von Gott! Von Gott! Vergiss nicht, was Gott dir Gutes getan hat, mahnt der Beter des Psalms, und er meint damit gewiss nicht nur die Weisheit und die Kraft und den Reichtum. Gottes Geschenk-Palette ist ja viel umfangreicher. Aber beiden, sowohl dem Psalmbeter als auch dem Propheten, geht es um die gar nicht so gute menschliche Eigenschaft der Vergesslichkeit. Um diese verdammte Gott-Vergesslichkeit.

Denn sobald ein Weiser, ein Starker, ein Reicher Gott als den Geber aller guten Gaben vergisst, ignoriert, gar nicht auf der Rechnung hat, verliert er leicht die Demut und die Bescheidenheit. Er wird eingebildet. Er hebt ab. Er wird arrogant. Er wird hochmütig. Hochmut statt Demut. Diesen dummen und überaus gefährlichen Hochmut, der bekanntlich vor dem Fall kommt, hat der Prophet im Visier. Denn leidvoll muss Jeremia erleben, wie sein geliebtes Volk am Hochmut der Regierenden zu Grunde geht, die sich an sich selbst berauschen.

Wir haben alles im Griff, sagen die Politiker und Religionsfürsten seiner Zeit – unserer Zeit - in fataler Fehleinschätzung der Lage. Wir verlassen uns auf uns. Wir sind ja weise, wir sind ja stark, dem mächtigen Feind vor unserer Haustür zu begegnen.

Der Feind ist Babylon. Ein übermächtiger Feind. Ein kompliziertes politisches Problem. Israel ist ein winziger Punkt auf der Landkarte, im Handstreich zu erobern. Aus dem Regierungslager Israels aber tönt es laut, selbstgewiss, hochnäsig und gar nicht diplomatisch. Babylon kann uns nichts. Babylon wird sich an uns die Zähne ausbeißen.

Jeremia hält diese realitätsfernen Parolen nicht aus. Er warnt, mahnt, fordert: Beendet das Lügen, die Volksverdummung! Lasst das Rühmen! Kommt zurück in die Realität und auf den Teppich der Wahrheit! „Ein Weiser rühme sich nicht seiner Weisheit, ein Starker nicht seiner Stärke, ein Reicher nicht seines Reichtums!"

Selbstruhm macht blind. Selbstruhm macht selbstherrlich. Selbstruhm stinkt zum Himmel.

Der Prophet legt den Finger in die Wunde einer Gesellschaft, die von Gott nichts wissen will und deshalb nicht fragt, was Er will, was Er fordert, wie sein Wille denn wohl getan wird. Eine Gesellschaft, die Gott vielleicht noch braucht und auch benutzt zur religiösen Umrahmung ihrer Feste, ihn ansonsten aber für einen alten, unbedeutenden und unpolitischen Mann hält.

Eine solche oberflächliche Gesellschaft nimmt den lebendigen Gott mit seinem Ethikkatalog nicht ernst. Sie macht ihn zu einem himmlischen Frühstücksdirektor, zu einem macht- und zahnlosen Wesen weit weg von der Welt. Wozu Gott? Wir sind uns selbst genug. Wir sind tüchtig, wir sind schlau! Wir brauchen keinen Gott.

Ganz anders Paulus! Intelligent, tapfer, mutig ist er, in allem aber bescheiden. „Was hätte ich, was ich nicht empfangen habe?" fragt der Apostel. Wie Jeremia weiß auch er: Selbstruhm steht auf wackeligen Füßen. Selbstruhm stützt sich auf eine Sicherheit, die es gar nicht gibt. Selbstruhm ist trügerisch. Schon morgen kann es mit der Weisheit, mit der Stärke, mit dem Reichtum vorbei sein.

Mensch, sei nicht so selbstgefällig! Mensch, sei Dir nicht so sicher! Aufstieg und Fall liegen dicht beieinander, Selbstruhm und Klage ebenso.

Nur einen Ruhm lässt der Prophet gelten. Einen Ruhm, der gar keiner ist im herkömmlichen Sinn: „Wer sich rühmen will, der rühme sich dessen, dass er klug sei und mich kenne, dass ich der Herr bin."

Dieser Ruhm ist nicht zu verwechseln mit religiöser Prahlerei oder religiöser Arroganz. Dieser Ruhm basiert auf einer inneren, stillen Freude darüber, Gott gefunden, ihn entdeckt, in ihm den Frieden gefunden zu haben.

Klug im Sinne des Alten Testaments ist nicht der Intelligente. Klug im alttestamentlichen Sinne ist der Mensch, der Gott in seinem Leben auf der Rechnung hat, sich ihm anvertraut mit einem fühlenden Herzen.

Er weiß um die Vorläufigkeit aller Dinge hier auf Erden. Er weiß, dass Weisheit, Stärke und Reichtum so vergänglich sind wie die Blumen auf dem Felde. Im Bedenken der nachlassenden geistigen und körperlichen Kraft bittet der Kluge den Herrn um die rechte Einsicht in die Zusammenhänge zwischen Leben und Tod, zwischen Himmel und Erde. „Lehre uns bedenken, dass wir sterben müssen, auf dass wir klug werden" – oder, wie Martin Buber treffend übersetzt - ein weises Herz gewinnen.

Psalmenwunsch, Psalmenweisheit. Der Weise bekennt: Alles, Herr, bist Du! Rühmen wir recht! Rühmen wir uns der Klugheit, dass wir Gott kennen, dem solches Rühmen gefällt!

Zumutung

„Was sollen wir nun hierzu sagen? Ist denn gott ungerecht? Das sei ferne! Denn er spricht zu Mose: Wem ich gnädig bin, dem bin ich gnädig; und wessen ich mich erbarme, dessen erbarme ich mich. So liegt es nun nicht an jemandes Wollen oder Laufen, sondern an Gottes Erbarmen."
Römer 9, 14-16

Sie war 55 Jahre jung, lebensfroh, mit der Sehnsucht nach Sonne und Wärme. Vor zwei Jahren empfing sie das Urteil über ihr Leben. Vorbei. Bald vorbei. Wenn es hoch kommt, noch ein halbes Jahr, der Krebs ist nicht zu

stoppen. Nutzen Sie die verbleibende Zeit, sagten die Ärzte. Am 31. Januar haben wir Ramona im Friedwald in Heiligenberg beigesetzt.
Was sollen wir nun hierzu sagen?
Eine Woche später. Mann, 61 Jahre alt, plötzlicher Herzinfarkt, tot. Fassungslos alle, die ihn liebten. Mit 63 wollte er in die Rente und mit seiner Lebensgefährtin alt werden.
Was sollen wir nun hierzu sagen?
Ich wurde in eine heile Familie hineingeboren. Georg, mein Freund, nicht. Seine Startbedingungen waren bedeutend schlechter als meine. Der Vater war Hochstapler und kam wegen Urkundenfälschung ins Gefängnis. Die überforderte Mutter mühte sich redlich, konnte aber nicht verhindern, dass Georg in schlechte Gesellschaft geriet.
Was sollen wir nun hierzu sagen?
Vielleicht dieses: Es gibt keine Gerechtigkeit auf Erden. Der eine wird Rennfahrer, der andere Rollstuhlfahrer. Der eine macht mit krummen Touren und Steuerhinterziehung ein Vermögen, der andere müht sich redlich und kommt auf keinen grünen Zweig. Oder, wie in der Lesung gehört: die den Tag über im Weinberg geschuftet haben, erhalten den gleichen Lohn wie diejenigen, die gerade noch kurz vor Feierabend eingestellt wurden. Ist das gerecht? Gerecht ist das nicht.
Warum? ist das Wort, das ich in meinem Amt am meisten höre. Warum ist das so, wie es ist. Warum stirbt Ramona mit 55, warum wurde meine Großmutter 86 Jahre alt? Was sollen wir nun hierzu sagen? Paulus ringt nach Worten. Er will der römischen Gemeinde etwas erklären, was er mit seinen eigenen Gedanken nicht umfassend erfassen und erklären kann. Warum Israel das auserwählte Volk Gottes ist und warum es das auserwählte Volk Gottes bleibt, obwohl es nichts vom Christus Gottes, vom Messias, wissen will. Hat Gott sein geliebtes auserwähltes Volk verstoßen, weil es halsstarrig

ist? fragen die einen. Logisch wäre das. Da kommt der Messias Gottes, auf den die Juden schon so lange warten, zu Israel. Und dann wollen die meisten Gläubigen ihn nicht. Dann verstoßen sie ihn. Dafür kommen andere in Jesu Heilsgenuss. Die Heiden, wie man sie nennt. Nun sind auf einmal sie von Gott erwählt, weil sie an Christus glauben und ihm trauen. Was wird nun mit den Juden? Sind sie jetzt nur noch die Stiefkinder Gottes? Paulus, sag was! fordert ihn die Gemeinde zu Rom auf und heraus. Erkläre uns das ganze Durcheinander mit der Erwählung und mit der Gnade und mit dem Erbarmen Gottes, wir verstehen das nicht! Du musst es doch wissen! Du bist ein Apostel! Du bist Theologe! Und dann kämpft er sich drei Kapitel lang durch die Thematik. Ein schwerer Kampf! Wie soll ein Mensch auch Gottes Wege mit Israel begreifen können. Wie Gottes Handeln an uns Menschen überhaupt!

Sie sind doch Pfarrer, Herr Onnen. Wenn Sie nicht wissen, warum es so zugeht in der Welt, wie es zugeht: wer weiß es dann? Gott allein! so möchte ich immer antworten, doch kommt mir diese Antwort vor wie eine pastorale Flucht. Nein, wir Christen allesamt sind auskunftspflichtig. Wir können uns nicht achselzuckend und mit frommen Worthülsen davon schleichen. Von uns erwarten suchende Menschen eine deutliche Antwort auf ihre Fragen. In diesen Fragen geht es ja selten um Banalitäten. Da geht es oft ums Ganze! Da geht es um Leben und Tod, um Ja oder Nein. Da geht es um Politik, da geht es um uns und unsere Existenz in der Welt, in die hinein wir geworfen wurden, ohne dass uns einer gefragt hätte, ob wir das auch so wollen. Da geht es um Gott und darum, was Er mit all diesem, was uns begegnet und umtreibt, zu tun und zu schaffen hat. Wer steckt dahinter, wer regiert die Welt, wer lässt Ramona sterben, wer lässt Kriege zu und Wunder geschehen? Der Zufall. Immer öfter höre und lese ich: Alles geschieht zufällig. Prinzip Chaos. Wie beim Roulette. Ob die Kugel auf eine schwarze, ob sie auf eine rote Zahl fällt: Zufall. Was die einen auf die Siegerstraße, die anderen auf die Verliererstraße bringt: Zufall. Alles ist Zufall.

Die Rede vom „Zufall" sollten wir uns als Christen aber verbieten. Sie führt uns in die Welt der absoluten, sinnfreien Beliebigkeit. Nach dem Prinzip des „Zufalls" dürfte es Dich, dürfte es mich gar nicht geben. Denn vom Zufall her gesehen, wäre es die größte Wahrscheinlichkeit, dass wir alle hier gar nicht geboren worden wären. Mit der gleichen großen Wahrscheinlichkeit hätte mich der Zufall nach Asien und dich nach Afrika verschlagen können, denn dort leben die meisten Menschen. Aber ich wurde nicht in Peking, sondern in einer Kleinstadt direkt hinterm Nordseedeich geboren, wo man Tee trinkt und Plattdeutsch spricht. In einem Lied heißt es:

„Vergiss es nie: Dass du lebst, war keine eigene Idee, und dass du atmest, kein Entschluss von dir. Vergiss es nie: Dass du lebst, war eines anderen Idee, und dass du atmest, sein Geschenk an dich. Du bist gewollt, kein Kind des Zufalls, keine Laune der Natur, ganz egal, ob du dein Lebenslied in Moll singst oder Dur. Du bist ein Gedanke Gottes, ein genialer noch dazu. Du bist du." Gott wollte mich. Gott wollte Dich.

Was sollen wir nun hierzu sagen?

Erst einmal: Danke. Danke, Gott, dass ich kein Zufallsprodukt, sondern ein von Dir gewollter und geliebter Mensch bin. Meine Würde habe ich von Dir. Du hast mich erwählt. Du hast mich ins Leben gerufen. Dazu beigetragen habe ich nichts. Und wie lange ich auf dieser Welt leben darf, hängt nicht an meinem Wollen oder Laufen, sondern an Gottes Erbarmen.

Ohne Gott ist die Welt absurd. Mit Gott ist sie ein Geheimnis. Ich entscheide mich für das Geheimnis.

Paulus setzt in die Diskussion um das undurchsichtige, uneinsehbare, geheimnisvolle Handeln Gottes erst einmal diesen einen gewichtigen Satz: Gott ist frei. Was er tut oder unterlässt, was er schenkt oder nicht, was er preisgibt oder verbirgt, ist allein seine Sache. Selbst unseren innigsten Gebeten wohnt nicht automatisch die Erhörung inne. Gott ist souverän. Er kann Gebete erhören. Er muss es aber nicht. Gott ist und bleibt für uns der „ganz Andere", ein Gott der Überraschungen. Wem er sich zuneigt, dem neigt er sich zu. Wessen er sich erbarmt, dessen erbarmt er sich. Da gibt es keine Regel, kein System, das wir durchschauen könnten. Das heißt aber nicht automatisch: Wem er sich nicht zuneigt, von dem wendet er sich ab. Wem er nicht gnädig ist, der fällt in Ungnade. So denken wir sofort und unseren Denkmustern gemäß folgerichtig. Ist Gott nicht für mich, dann ist er gegen mich. Das stimmt eben nicht. Ebenso stimmt es nicht, dass wir uns Gottes Erbarmen verdienen könnten. Gott rechnet nicht im Schema von Tun und Vergeltung. Gott denkt nicht buchhalterisch. Würde er nämlich so denken und handeln, hätten wir keine Chance, vor ihm zu bestehen.

Was sollen wir nun hierzu sagen? Die Wahrheit. Wir bekommen Gott nicht in den Griff. Er bleibt uns ein Rätsel. So wie uns das Leben ein Rätsel ist mit vielen Unbekannten und vielen Überraschungen. Mit Höhen und Tiefen. Mit Weinen und Lachen.

Dankbar nehmen wir das Gute aus Gottes Hand, sprechen von Gnade und Barmherzigkeit, die uns widerfährt. Aber können Gottes Gnade und Barmherzigkeit nicht auch in den Dingen verborgen sein, die uns nicht in unseren Lebensplan passen? Können sie nicht auch eine ganz andere Farbe tragen – schwarz und nicht weiß?

Ich kann Gottes Freiheit auch als Willkür verstehen. Ich kann verstehen, wenn mir jemand sagt: es gibt zu viel Bosheiten in der Welt und zu viele Ungerechtigkeiten, als dass ich an einen Gott oder gar an einen Gott der Barmherzigkeit glauben könnte. Unser Glaube führt uns an schmerzliche Grenzen. Gott und unsere Erfahrungen mit dem Leben und mit dem Glauben lassen sich eben nicht spannungslos zusammenbringen.

Diese Spannung liegt in der Natur der Sache. Diese Spannung ist der Testfall für unseren Glauben und der Härtefall für jeden Christen, für jede Christin. Wie ringt selbst ein glaubensstarker Mann wie Paulus mit der Frage nach der Gerechtigkeit Gottes im Lebensalltag. Wie muss sich ein Martin Luther auf seiner Suche nach dem gnädigen Gott quälen, ehe in ihm die Erkenntnis wächst: alles ist an Gottes Segen und an seiner Gnad gelegen.

Wer kann Gott in die Karten sehen? Wer kann die Vergangenheit deuten und die Zukunft ansagen? Wer weiß, warum und wie Gott Geschichte und Geschichten schreibt?

Gott mutet uns zu, mit einem bestimmten Maß an Unsicherheiten zu leben und zu glauben. Eines aber ist und bleibt meine absolute Gewissheit: Gott ist kein Spieler am Roulettetisch. Gott würfelt nicht.

Was sollen wir nun hierzu sagen?

Der Glaube ist kein sanftes Ruhekissen. Er ist eine Zumutung. Er lässt uns nicht zur Ruhe kommen. Er reißt uns hin und her zwischen Hoffen und Bangen. Er bringt unser Denken auf Trab und hält unsere Gefühle auf Temperatur. Der Glaube weiß nicht auf alle Fragen eine Antwort. Auf diese eine Frage aber weiß er eine: wer denn Himmel und Erde zusammenhält und wer diese gewisse unzerstörbare Zuversicht in meine Seele bringt, dass ich in der Freude und im Leid, im Leben und im Sterben getragen und gehalten werde. Der Glaube an Gott ist unsterblich. Er ist Gottes Geschenk an uns, seine Gnadengabe mit dem gewissen „Trotzdem".

Der Glaube ist schön. Der Glaube ist schön anstrengend. Er hält uns wach. Er fordert uns heraus. Er macht der hilflosen Rede vom „Zufall" ein Ende.

Ich setze auf Gnade und Barmherzigkeit und bitte Gott, er möge sich erbarmen. Wenn er es tut, ist es mir recht. Wenn nicht, dann bitte ich ihn umso mehr, er wird mich schon nicht fallen lassen. Seid trotzig! Bleibt trotzig! Werft Euren Glauben um Himmels willen nicht weg!

VOM LEIDEN
VOM STERBEN
VOM AUFERSTEHEN

Passion

Lebensmüde

„Und Ahab sagte Isebel alles, was Elia getan hatte und wie er alle Propheten Baals mit dem Schwert umgebracht hatte. Da sandte Isebel einen Boten zu Elia und ließ ihm sagen: Die Götter sollen mir dies und das tun, wenn ich nicht morgen um diese Zeit dir tue, wie du diesen getan hast! Da fürchtete er sich, machte sich auf und lief um sein Leben und kam nach Beerscheba in Juda und ließ seinen Diener dort. Er aber ging hin in die Wüste eine Tagesreise weit und kam und setzte sich unter einen Wacholder und wünschte sich zu sterben und sprach: Es ist genug, so nimm nun, Herr, meine Seele; ich bin nicht besser als meine Väter. Und er legte sich hin und schlief unter dem Wacholder. Und siehe, ein Engel rührte ihn an und sprach zu ihm: Steh auf und iss! Und er sah sich um, und siehe, zu seinen Häupten lag ein geröstetes Brot und ein Krug mit Wasser. Und als er gegessen und getrunken hatte, legte er sich wieder schlafen. Und der Engel des Herrn kam zum zweiten Mal wieder und rührte ihn an und sprach: Steh auf und iss! Denn du hast einen weiten Weg vor dir. Und er stand auf und aß und trank und ging durch die Kraft der Speise vierzig Tage und vierzig Nächte bis zum Berg Gottes, dem Horeb." 1. Könige 19, 1-8

„Es ist genug. So nimm nun, Herr, meine Seele." Elia will in der Wüste verenden. Dort, wo über Leben und Tod entschieden wird. Hass und Eifer haben den Gottesmann verwüstet, ihn an den Rand der Zivilisation und ans Ende des Lebens gebracht. Todmüde setzt er sich unter einen Wacholder, vertraut sich dem Schlaf an, dem Bruder des Todes, will nicht mehr aufwachen. Es gab Zeiten, da sprach und fühlte Elia anders. Da hatte ihn die

Depression noch nicht eingewickelt und die Sorgenlast das Herz noch nicht abgedrückt. Da war er voller Tatendrang, energiegeladen, euphorisch geradezu und mutig, sehr mutig.

„Gott ist der Herr", so sein Name, wenn wir „Elia" in unsere Sprache übersetzen. Für diesen Herrn zu streiten: das ist sein Auftrag, sein Kampf, seine Bestimmung, seine innere Berufung.

Tapfer legt er sich an mit dem Königspaar Ahab und Isebel, das vom Gott der Väter nichts mehr wissen will und aufruft zur Verehrung eines Götzen namens Baal. Der soll, geht es nach der Regierung, von nun an zuständig sein in Israel für alles Wohl und Wehe, für den Regen, für die Fruchtbarkeit von Feld und Leib. Doch der wahre Gott lässt sich nicht so leicht und schnell von einem Götzen abservieren. Gott ringt um sein Volk wie ein Mann um seine schwindende Geliebte. Elia soll ihm helfen. Der mit dem programmatischen Namen und dem Heldenherzen in seiner Brust. Eine gute Wahl! Hier stehe ich, Elia, ich kann nicht anders, Gott helfe mir, Amen.

Diese Gottesstreiter, diese gefährlichen Gottesstreiter! Denn Elia redet und warnt nicht nur. Er meint sich ermächtigt, die religiösen Mitbewerber, 450 an der Zahl, niederzumetzeln. Mord und Totschlag im Namen Gottes – unverzeihlich und seit Anbruch der Jesus-Zeiten ganz und gar unmöglich und verboten!

Die Königin Isebel, die den Baalskult einschleppte wie einen verheerenden Virus, machthungrig und ebenso zäh wie Elia, sinnt nach dem Gemetzel auf Rache: „Morgen, Elia, wirst du gestorben sein!" Da packt den Gottesmann die nackte Angst. Der alte Glaubenshaudegen, schier unverwüstlich, aber eben auch nur ein Mensch, läuft nun ums eigene Leben. Längst ist ihm alles zu viel: Falschglaube und Kampf und Totschlag und Bedrohung und Verfolgung. Dazu die Bilder der Leichen, die über ihn kommen des nachts und ihn plagen werden bis an sein Lebensende.

Elia ist fertig, will sich in der Wüste aus dem Leben schlafen und schleichen. „Ich möcht' so gerne sterben, da wär's auf einmal still." Wie oft habe ich daheim die Platte mit dem Volkslied gehört: „In einem kühlen Grunde!" In diesem Lied findet die Liebe eines jungen Mannes keine Entsprechung und keine Erfüllung. So singt er in der letzten Strophe: „Ich möcht' so gerne sterben, da wär's auf einmal still."
Du dummer Mensch, habe ich damals gedacht, du dummer, törichter Mensch! Doch nicht sterben wollen wegen einer unerfüllten Liebe! Damals war ich noch lebensunerfahren, ein Jüngling, stark wie Elia, nicht umzubringen. Heute weiß ich es besser.
An dieser Stelle könnten wir nun alle erzählen von unseren Siegen und von unseren Niederlagen. Von euphorischen Aufbrüchen und knallharten Landungen. Von freudig betretenen Wegen und elenden Sackgassen. Von Liebe und Hass. Von Leidenschaft und Leiden. Von Kampf und Niederlage. Von Bettdecken über dem Kopf, vom Schnaps, vom Schlafmittel. Vielleicht sogar von noch härteren Dingen.
Elia unter dem Wacholder. Ich denke, wir verstehen unseren Bruder und brechen nicht den Stab über ihn, weil er alles satt hat, sich selber am meisten.
Wie aber geht es weiter, wenn es nicht mehr weitergeht? Irgendwie. Noch ist Elia nicht hinüber. Noch ist Atem in ihm, der Hauch des Lebens. Und so lange noch Atem in dir ist, besteht Aussicht – Aussicht auf einen Engel, der dich rettet mit einer überaus sanften Anrührung.
„Da kommt etwas", sagt Wilhelm Willms, der ein Gedicht über Elia schrieb. „Da kommt etwas. Die Bibel sagt: ein Engel. Das sagt die Bibel immer, wenn sie nicht weiß, wie sie sich ausdrücken soll, wenn sie nicht richtig sagen kann, woher etwas kommt. Also: da kam ein Engel, beugte sich über Elia,

rührte ihn an und sagte: „Steh' auf, Elia, du bist kein Mensch, der sterben darf. Komm, iss und trink!" Engel sind einfach da, reden nicht viel, tun Elementares: Wasser reichen und Brot, geröstet. Engel sind die, die uns anrühren und uns durch die Nacht bringen.

Der tiefsten Traurigkeit begegnete meine Mutter immer mit einer Tasse Tee und einem Rosinenbrot. Wer zu ihr kam mit etwas auf dem Herzen, wurde erst einmal bewirtet, bevor auch nur ein Wort gesprochen wurde. „Komm, iss und trink!" Wo es Tee und Rosinenbrot gibt, sind Engel am Werk. Ich glaube, dass der Mensch, der mir im Elend Versunkenen einen Tee kocht und mir ein paar Minuten seiner kostbaren Zeit schenkt, ein Engel ist, der mich wecken will im Namen Gottes. Ich glaube, dass der Mensch, der mir unvermittelt ein gutes Wort sagt, das mir Wärme gibt und Wohligkeit, ein Engel ist. Ich glaube, dass der Mensch, der mir sagt, dass ich wertvoll bin und leben soll in all den komplizierten Wirren des Lebens, ein Engel ist.

Elia meint zu träumen, öffnet Augen und Hände und lässt sich beschenken. Neben seinem Kopf duftet das Brot, ein Krug mit Wasser steht da. Kein Luxusmahl. Notwendiges eben, und das nicht nur einmal zwecklos gegeben, sondern wiederholt und hartnäckig und begründet mit dem Ausblick auf einen weiten Weg. Elia kommt zu Kräften. Eingedreht in seine Dunkelheit, hat Gott ihn aufgewickelt und seine Augen geöffnet für einen neuen Morgen. Er steht auf, nimmt den Stab des Aufbruchs in die Hand, verlässt den Ort seines kummervollen Niedergangs, geht weiter. Die Erde trägt ihn wieder!

Doch Elia ist nicht mehr derselbe Haudegen, der er einmal war. Er ist verändert. So wie jeder Mensch verändert ist, wenn er kurz vor dem Tod noch einmal ins Leben zurückkehren darf. Elia weiß jetzt, dass Gott ihm nie näher kam als in jenem Augenblick seiner Dunkelheit und Schwäche unter dem Wacholder. Und wir, die Nachgeborenen, wissen nun, dass Gott uns in

seinem Christus hautnah und helfend begegnet, wenn wir wie Elia nur noch das Dunkel sehen und am liebsten sterben möchten.
Wie gut, dass wir wie Elia flüchten dürfen in unsere Wüsten! Wie gut, dass wir hören dürfen: auch in der Wüste gibt es einen Christus-Engel, der uns anrührt und vor uns hinstellt, was wir brauchen. Wie gut, dass wir die Stimme Gottes hören dürfen, die uns sagt: Es ist noch nicht genug! Die Zukunft ist noch nicht zu Ende! Du darfst zurückkehren ins Leben. Wie gut zu wissen, dass in unseren Leidensgeschichten Hoffnung steckt. Wie gut, von Gott zu wissen und von seinem Sohn, der das Leiden mit uns teilt und für uns stirbt aus lauter Liebe, damit wir weiterleben.

Gottverlassen

„Ich habe dich einen kleinen Augenblick verlassen, aber mit großer Barmherzigkeit will ich dich sammeln. Ich habe mein Angesicht im Augenblick des Zorns ein wenig vor dir verborgen, aber mit ewiger Gnade will ich mich deiner erbarmen, spricht der Herr, dein Erlöser."
Jesaja 54, 7.8

Wenn die Einsamkeit nach uns greift, fühlen wir uns wie der letzte Mensch. Einsam sind viele auf der Welt. Haben keinen Menschen, mit dem sie reden können. Keinen, der sie lieb hat und den sie lieb haben. Einsamkeit macht traurig. Einsamkeit macht krank. Wir fühlen uns verraten und verlassen und verkauft.
Menschen verlassen Menschen. Beziehungen zerbrechen. Das ist so, und das ist schlimm und traurig genug. Doch dass selbst Gott den Menschen verlassen könnte, und sei es nur für einen Augenblick, ist ein schier unerträglicher, kaum auszuhaltender Gedanke.

Gott hört nicht, Gott sieht nicht, Gott schweigt. Er wendet uns sein Angesicht nicht zu, er wendet es von uns ab. Kein Wort, kein Zeichen, keine Wunder, kein erlösender Traum, keine Gebetserhörung. Kann Gott so sein, so weit, so weit weg von dir? Ja, sagt uns die Bibel heute Morgen. Ja, so steht es bei Jesaja. Gott kann so sein, so abwesend und unerreichbar, und niemand weiß, warum. Und dieses Sosein Gottes gilt nicht allein für die, die ohnehin nicht an ihn glauben, ihm keinen noch so kleinen Lebensraum gewähren, von ihm so gar nichts wissen oder hören wollen.

„Ich habe dich einen kleinen Augenblick verlassen. Ich habe mein Angesicht im Augenblick des Zorns ein wenig vor dir verborgen." Wen Gott verlässt, der sieht kein Land mehr. Und keine Sonne scheint mehr dem, dem Gott sein Angesicht entzieht.

Israel, Gottes Volk, weiß ein trauriges Lied zu singen von Gottes rätselhafter und nicht einsehbarer, nicht aufzuklärender geheimnisvoller Abwesenheit. In der babylonischen Verbannung leidend, landlos, heimatlos, entwurzelt, schreit das Volk nach Hilfe und Erlösung, schreit es nach Gott. Es weint, es kämpft, es betet. Doch totenstill die ganze Welt. Kein Gott da, der sich regt. Was Israel erlebt nicht nur in biblischer Zeit, sondern immer wieder gleich bedrückend und schleierhaft in den Jahrtausenden danach bis ins letzte hinein, erleben Menschen guten Willens und guten Herzens ebenso - und sind verwirrt. Die Welt gerät für sie auf einmal aus den Fugen. Nichts ist mehr so, wie es gerade noch war, nichts stimmt mehr von dem, was man sich so fein und ordentlich zurechtgelegt hatte. Eine böse Nachricht, ein böses Erleben, Unfall, langes Sterben oder ein Sekundentod im Haus. Was jetzt?

Sie alle wissen, was ich meine. Sie alle wissen um solche Nachrichten, um solches Erleben, das einem den Boden unter den Füßen wegreißt und den Glauben in eine Krise stürzt.

Mein Schulfreund Heiner kam mit Zwölf ums Leben. Er ertrank beim Baden im Baggersee. Das war der Augenblick, in dem mein harmloses, kindliches Bild vom allzeit lieben Gott zerbrach. Ich weiß es noch wie heute. Ich saß auf dem Küchenstuhl daheim und weinte bitterlich und stellte meiner Mutter viele Fragen nach dem Warum und warum denn nur denn Heiner und warum denn Gott, der Retter, ihn nicht gerettet habe. Die Bildchen, die ich im Kindergottesdienst bekam, zeigten mir einen anderen Gott als den, der Heiner nicht in diesem Leben gehalten hatte. Sie zeigten mir Gott so, wie er die Engel aussendet, die ihre Flügel beschützend ausbreiten über die kleinen Kinder.

Wenn unser Glaube in die Krise kommt und die Gebete humpeln, dann wissen wir, dass unser Bild von Gott und Gott an sich in seinem Sosein und Soseinkönnen nicht unbedingt identisch sind. Gott lässt vieles zu, was uns zu Tode erschreckt, und Jesus hat gesagt, dass jeder sein Kreuz in dieser Welt auf sich nehmen und ihm nachfolgen soll. Ein hartes Wort! Nie ist in der Bibel davon die Rede, dass Gott lieb ist und dass es hier nur witzig wird mit Gott. Unser Glaube hat einen Schrecken. Er hat in sich das Wissen um den ganzen Dreck und um die Passion der Welt. Und erst dann, wenn man das als glaubender Mensch nicht ausblendet, sondern ernst nimmt und wahrnimmt und die wirklich harten Fragen stellt, dann kann die Frohe Botschaft kommen. Vorher gibt es keinen Grund, auf der Kanzel zu stehen und die Menschen, die eine wirkliche Not haben, deren Ehen gerade kaputt gehen, deren Kinder krank oder deren Eltern dement werden, mit einem weichen und gemütlichen frommen Gesäusel einzulullen.

Ich habe dich einen Augenblick verlassen…Ebenso wie Israel ergeht es Jesus. Am Kreuz stellt er die Frage, von der wir so gar nicht begreifen, dass ausgerechnet Jesus, der Sohn Gottes, sie stellt: mein Gott, mein Gott, warum hast Du mich verlassen?

Die Frage steht im Raum auf Golgatha, und Golgatha ist überall. Und niemand außer Gott allein kann sie beantworten.

Aber. Aber. Aber. Jetzt kommt das Aber, wenn auch spät genug. Das Aber kommt. Das erlösende Aber.

Auf dieses „Aber" warten wir voll Sehnsucht, wenn wir bis dahin ausgehalten und nicht vom Glauben abgefallen sind – oder von dem, was wir dafür gehalten haben.

Mich erstaunt es immer wieder, dass gerade Menschen, denen Böses widerfährt und deren Warum-Fragen nicht beantwortet werden, von allem Möglichen lassen, aber meistens nicht von ihrem Glauben. Auch wer klagt, der betet. Auch wer ganz tief unten ist, will zum Licht. Und wenn wir aufhören mit dem Beten, bleibt Gott trotzdem im Zimmer.

Heiners Ertrinken. Das viele Elend, mit dem ich konfrontiert werde und das mich umtreibt und manchmal um den Schlaf bringt: es hat, ein reines Wunder, meinen Glauben nicht zerbrochen. Es hat ihn verändert. Umgekrempelt. Durch die Mühle gedreht. Es hat ihn klarer gemacht, tiefer, ehrlich, schnörkellos. Ich wurde fromm und demütig und schäm mich dessen nicht. Nur einen Augenblick habe ich dich verlassen. Nur einen Moment war ich nicht bei dir. Dreimal klotzt Gott sein „Aber" gegen das Elend. Für ihn dauert es nur einen Augenblick. Mir kommt es manchmal vor wie eine halbe Ewigkeit.

Jetzt bricht sich die Liebe Bahn. „Mit großer Barmherzigkeit will ich dich sammeln. Mit ewiger Gnade will ich mich deiner erbarmen." Ins Vakuum strömt Luft, wir können wieder atmen und die Seele baumeln lassen.

Zuzeiten ist das Leben eine Zumutung. Zuzeiten ist es reines Glück. Im Dreck das Gold zu finden, in der Einsamkeit des Herzens die Fülle Gottes zu schmecken: das ist die pure Glückseligkeit!

Du bist Gott. Wir haben Dir nichts vorzuschreiben. Du bist größer als unser Herz, weißt alle Dinge.

Ich setze auf die Gnade als Gottes letztes Wort. Ich setze auf Erbarmen als Gottes letztes Wort. Ich setze auf Barmherzigkeit als Gottes letztes Wort. Nur so kann ich mich selbst und dann auch andere trösten. Nur in diesem unbedingten Wissen um den kleinen Augenblick, in dem Gott sich gleichsam eine Auszeit nimmt und tief durchatmet, um dann umso radikaler zu lieben.

Vom Zorn muss noch die Rede sein, es steht ja dort, Gott habe sein Angesicht im „Augenblick des Zorns" ein wenig verborgen. Mir ist nicht klar, um wessen Zorn es dabei geht. Ist es der zornige Mensch, der sich von Gott abwendet, oder ist es der zornige Gott, der sich vom Menschen abwendet? Wie immer auch: Der Zorn ist trennend, er schneidet durch, verbindet nicht, er heilt nicht, er gefährdet das Verhältnis zwischen Gott und Mensch. Freilich: Gottes Zorn, das ist nicht mein Zorn. Mein Zorn ist aufbrausend, ich knalle mit den Türen und werfe Teller durch das Zimmer. Mein Zorn ist destruktiv und ungerecht, verraucht auch nicht so schnell wie eine im Aschenbecher abgelegte Zigarette. Gottes Zorn gleicht eher dem einer Mutter auf die Kinder. Sie liebt von Herzen, aber irgendwann ist Schluss mit lustig, dann kommt die Predigt, aber nicht der Liebesentzug, das wäre ja nicht auszuhalten.

In der Stille zwischen den biblischen Sätzen von heute liegt dieser einfache, ständige Ton: „Ich, Gott, bin da". Und wir verlieren die Angst.

Karfreitag

Erlösung

Jesus stirbt elend, und Ostern ist erst übermorgen.
Die Karfreitagstexte sind uns bekannt. Die Szenerie ist uns vertraut. Jesu Kreuzigung hat keinen Neuigkeitswert. Jahr um Jahr wird daran erinnert, wird der Karfreitag in seinem historischen Ablauf und in seiner theologischen Bedeutung beleuchtet, bedacht, liturgisch begangen.
Jesu Kreuz ist allgegenwärtig, man sieht es überall, es ist öffentlich. Noch. Und dennoch: die Trauer, die Wehklage, die Grausamkeiten an diesem Tag, angefangen von der Kreuzigung durch die Soldaten bis hin zu Spott und Häme der Sensationsgierigen, ergreifen uns immer wieder tief und rühren manche zu Tränen. Es ist ja zum Weinen mit diesem dunklen Tag, den eine auf Spaß dressierte Gesellschaft als Spielverderber, als Spaßbremse empfindet. Tanzveranstaltungen sind verboten. Sportveranstaltungen sind verboten. Die Geschäfte haben geschlossen. Noch ist es so ruhig. Noch. Denn das Kreuz ist weder vermittelbar noch gesellschaftsfähig noch tauglich für eine dieser unsäglichen Talkshows im Fernsehen. Das Kreuz ist und bleibt für ewig ein Ärgernis.
Wer ist der da vorne? fragt ein Drittklässer und zeigt auf die Christusfigur. Ich führe meine Schüler durch unsere Kirche. Viele von ihnen waren noch nie in diesem Raum. Sie haben viele Fragen. Die meisten wissen noch, wer Jesus ist. Von seinem Tod am Kreuz haben sie auch schon einmal gehört. Noch wissen die meisten um Jesus und sein Kreuz. Noch. Aber immer mehr Kinder fragen mich bei einem Kirchenrundgang: Wer ist der da vorne?
Können wir, die Erwachsenen, auf diese Kinderfrage schlüssig Auskunft geben, ohne uns im Irrgarten der Theologie zu verrennen? Wer ist der da

vorne für uns? Wer ist der Gekreuzigte, was hat er, was hat sein Leiden, sein Sterben mit uns und mit unserem Leben zu tun? Warum, um Gottes willen, stirbt Jesus diesen elendigen Tod?

Zu diesen alten und immer wieder jungen Karfreitagsfragen gesellen sich weitere, ebenso alte und aktuelle. Warum lässt Gott das Leid in der Welt zu? Warum wehrt Gott nicht dem Unrecht? Warum fällt Er den Wahnsinnigen in Syrien und im Irak nicht in den Arm?

Schreckliche Bilder bedrängen uns. Sie kommen aus aller Welt. Schreie gegen die Wand, Rennen gegen Mauern. Jesus stellt die Frage aller Fragen. Die Frage aller Leidenden, die mich aus dem Fernseher heraus anschauen oder mir in meinem Arbeitszimmer direkt gegenübersitzen. „Mein Gott, mein Gott, warum hast Du mich verlassen?" Diese Frage aus Jesu Mund ist kaum auszuhalten. Wenn schon Er nicht weiß, warum: wer soll es dann wissen? Wenn schon Er die Unsichtbarkeit und das Schweigen Gottes nicht aushält: wer von uns Sterblichen soll sie dann aushalten?

Am Kreuz zerbrechen alle vorschnellen Antworten auf die Frage, wer denn Gott ist und wer er für uns ist. Es gibt ja viele Fromme, viele Theologen darunter, die immer alles genau wissen. Die auf alle „Warum"-Fragen des Lebens eine passende Antwort haben und so tun, als hätten sie Gott in die Karten geschaut. Wenn Jesus, der es doch wissen müsste, ausgerechnet den jüdischen Sterbepsalm mit seiner an die Nieren gehenden Frage in seiner letzten Stunde betet: Ist dann nicht alles, was wir über Gott sagen, denken und meinen, vorschnell, vorläufig, ungenau, spekulativ? Vorschnelle Antworten und Tröstungen, fixe Gottesbilder, handliche Theorien über Gott und die Welt – alles zerbricht vor dem Kreuz Jesu. Das Kreuz markiert das Ende der Logik. Es markiert das Ende unserer philosophischen oder theologischen Modelle, aus denen wir uns immer wieder Krücken für unser Verstehen basteln. Das Kreuz markiert zugleich den Anfang einer neuen

Demut und einer Frömmigkeit, die bescheiden daherkommt und in der Lage ist, das Karfreitags-Mysterium als innergöttliche Drama von abgrundtiefer Wahrheit zwischen Erde und Himmel und Hölle so zu nehmen und stehen zu lassen, wie es in der Bibel steht. Steht als Wahrheit über Gott und seinen Sohn Jesus Christus.

Ich muss diese Wahrheit nicht erklären. Auch sollte ich an dieser Wahrheit nicht besserwisserisch herummäkeln. Ich kann nicht alles erklären. Ich muss nicht allem und jedem einen Sinn unterlegen, der mir, der ich doch beschränkten Sinnes bin, einsichtig wäre. Werden wir also bescheiden an diesem Tag. Lassen wir uns von der Bibel selbst unterrichten und sagen, was die Stunde geschlagen hat. Und wer könnte es uns besser sagen als der, der das Karfreitags-Mysterium am tiefsten gedanklich, gläubig und gefühlsmäßig durchdrungen hat?

Paulus ist immer noch derjenige, der am besten das eigentlich Nicht-Sagbare sagbar macht: Dass es am Karfreitag letztlich um die Sünde geht. Darum, wie sie sich austobt, und darum, wie Christus sie auf sich nimmt und sie am Ende besiegt, so dass uns nichts, aber auch gar nichts mehr von Gott trennen kann.

Die Sünde, die Trennung von Gott – Er hier, Du dort, und es gibt kein Hinüber und kein Herüber, keine Kommunikation zwischen Himmel und Erde – die Sünde also, diese Grundbefindlichkeit nach der Emanzipation von Gott, zeigt im Bericht des Evangelisten ihr schmutziges Gesicht. Ist Ihnen beim Verlesen des Bibeltextes aus Matthäus aufgefallen, wie auf Golgatha, diesem Ort der Hinrichtung und des Sterbens, der doch eigentlich ein ruhiger sein sollte, immerzu geredet wird? Immune, gleichgültige, oberflächliche, verführbare und verführte Menschen geben ihren Senf dazu. „Hilf Dir selber, wenn Du Gottes Sohn bist, und steig vom Kreuz herab!" „Anderen hat er geholfen und kann sich selber nicht helfen!" „Halt, lass sehen, ob Elia komme und ihm helfe!" Nur dünn ist die Kulturschicht, wir wissen das. Wird sie brüchig, reagieren biedere Familienväter, angesehene Gelehrte und gesichtslose Passanten alle gleich primitiv und gottlos. Die Lust an der Sensation und am Quälen vereint sie.

Es sind die kleinen, die fiesen Gemeinheiten, die Jesu Leiden so unerträglich machen. Der Teufel steckt im Detail und kommt heraus. Und wo der Teufel heraus kommt, da sieht man die Sünde wie in einem Brennglas. Jesus ist ihr ungeschützt und ungefiltert ausgeliefert. Die Auswüchse der Sünde toben sich an ihm aus. Er hält still. Er protestiert nicht, er reagiert nicht, er wehrt sich nicht. Er fragt nur mit der uralten Frage jüdischer Beter, wenn alles über sie hereinbricht, was nur hereinbrechen kann: „Mein Gott, mein Gott, warum hast Du mich verlassen?"

Dieser erste Satz des alttestamentlichen Sterbepsalms ist nicht der letzte. Der Psalm zieht sich hin. Mit der Warum-Frage hört er noch lange nicht auf. Zwar ringt der Beter heftig, er reibt sich wund, er jammert, er schreit sein Unglück hinaus. Am Ende aber wird ganz ruhig. Am Ende geschieht Einwilligung. Am Ende geschieht Lob.

An dieses Ende kommt Jesus nicht. Die Kraft reicht nicht hin. Aber es ist gut, dass uns dieses Ende mit seinem trostreichen Grundton im Alten Testament überliefert ist: „Rühmet den Herrn, die ihr ihn fürchtet! Ehret ihn, ihr alle vom Hause Jakob! Denn er hat nicht verachtet noch verschmäht das Elend des Armen und sein Antlitz vor ihm nicht verborgen. Und als er zu ihm schrie, hörte er es. Die nach dem Herrn fragen, werden ihn preisen. Euer Herz soll ewiglich leben."

Dieser hoffnungsvolle Grundton am Ende des Psalms macht den Tod Jesu nicht freundlicher. Aber er taucht seinen Tod doch in ein anderes, gnädiges Licht. In das Licht eines Gottes, der durchliebt. Der seinen Sohn das tragen

und aushalten lässt, was eigentlich die spottenden und höhnenden Dabeistehenden tragen und aushalten müssten. Der aber nicht von seinem Sohn lässt, der ihn nicht in seinem Tode lässt.
Denn also, so deutet Johannes, hat Gott die Welt geliebt, dass er seinen einzigen Sohn dahingab, damit alle, die an ihn glauben, nicht verloren werden, sondern das ewige Leben haben.
So ist – Erlösung.
Die Freude des Teufels, der im Detail steckt, währt nicht lange, drei Tage nur, und der Tod als der Sünde Sold trägt den Sieg am Ende nicht davon. Gottes Liebe in Jesus Christus ist stärker als die Macht Sünde. Jesus zerbricht sie am Kreuz. Gottes Liebe ist stärker als die Macht des Todes. Jesus zerstört sie ein für allemal durch seine Auferstehung von den Toten.
Ostern ist erst übermorgen.
Sprechen wir also nicht zu schnell vom Sieg des Lebens über den Tod! Sprechen wir nicht zu schnell von der neuen Freiheit! Gehen wir nicht zu schnell weg vom Ort des Grauens zum Ort der Freude! Halten wir den Karfreitag in seiner Schwere aus. Sinnen wir dem Mysterium des Kreuzes nach, nehmen wir im Glauben die Karfreitags-Wahrheit an, die der Prophet Jesaja in die alten, ewigen Worte über den leidenden Gottesknecht kleidete:

„Fürwahr. Er trug unsere Krankheit und lud auf sich unsere Schmerzen. Die Strafe liegt auf ihm, auf dass wir Frieden hätten. Und durch seine Wunden sind wir geheilt."

Ostern

Entmachtung

„Als aber der Sabbat vorüber war und der erste Tag der Woche anbrach, kamen Maria von Magdala und die andere Maria, um nach dem Grab zu sehen. Und siehe, es geschah ein großes Erdbeben. Denn der Engel des Herrn kam vom Himmel herab, trat hinzu und wälzte den Stein weg und setzte sich darauf. Seine Gestalt war wie der Blitz und sein Gewand weiß wie der Schnee. Die Wachen aber erschraken aus Furcht vor ihm und wurden, als wären sie tot. Aber der Engel sprach zu den Frauen: Fürchtet euch nicht! Ich weiß, dass ihr Jesus, den Gekreuzigten, sucht. Er ist nicht hier, er ist auferstanden, wie er gesagt hat. Kommt her und seht die Stätte, wo er gelegen hat; und geht eilends hin und sagt seinen Jüngern, dass er auferstanden ist von den Toten. Und siehe, er wird vor euch hingehen nach Galiläa; dort werdet ihr ihn sehen. Siehe, ich habe es euch gesagt. Und sie gingen eilends weg vom Grab mit Furcht und großer Freude und liefen, um es seinen Jüngern zu verkündigen." Matthäus 28, 1-8

Die Friedhofsordnungen sind streng. Betteln und hausieren ist ebenso verboten wie das laute Absingen irgendwelcher Lieder, die nicht religiös sind. Radiomusik ist verboten. Rauchen ist verboten. Lachen ist nicht erwünscht. Welke Blumen hat man sorgsam zu entsorgen und von Plastikteilen zu trennen, die Gießkannen wieder an den dafür vorgesehen Platz zu stellen. Laute Gespräche sind untersagt. Alkohol darf nicht konsumiert werden. Die Gräber müssen bei aller mittlerweile eingeräumten Freiheit zur Gestaltung zum Gesamtbild des Friedhofs passen. Es gibt Normmaße für Einzel-, Familien- und Urnengräber. Alle Verbote und Gebote dienen dem Schutz des besonderen Ortes, der Wahrung der Totenruhe und der Würde der Verstorbenen. Friedhofsordnungen sind gut und wichtig und absolut nötig.

Deutsche Friedhofsordnungen sind, wie könnte es anders sein, besonders genau und präzise. Aber nun ist da einer, der hält sich an keine Friedhofsordnung, sondern macht aus diesem Ort der Stille und der Totenruhe einen lebendigen Platz der Revolution. Kommt mit dem Getöse eines Erdbebens, wälzt den Grabstein weg und setzt sich keck darauf, versetzt durch seine plötzliche Erscheinung die Wächter über Recht und Ordnung in einen Schockzustand, bringt die beiden Frauen fast um den Verstand.

Er ist nicht hier. Er ist auferstanden. Der Gottesbote bringt zuerst die Frauen, dann die ganze Welt durcheinander.

Dabei ist es doch so, wie es ist, wir wissen das aus Erfahrung und in unserer Auferstehungsblindheit: Alle Wege, und führten sie nach Rom, und führten sie durch die halbe Welt: sie führen alle zum Friedhof. Nüchtern beschreibt Johann Peter Hebel in seinem Gedicht „Vergänglichkeit" unsere Grundbefindlichkeit: „Und woni gang…go Basel oder heim, ‚s isch einerley, i gang im Chilfhof zu."

Selbst an Ostern ist es unglaublich mühsam, sich von der Schwerkraft des Todes zu lösen und aufzufahren mit Flügeln wie ein Adler. Vor zwei Tagen erst war schwarz die Trauerbeflaggung am Altar. Nun ist sie weiß. So weiß wie der Gottes-Bote mit seiner Botschaft: Er ist nicht hier! Er ist auferstanden!

Der Engel redet viel in unserem Ostertext. Er redet auf die Frauen ein, die nichts begreifen, erklärt ihnen die neue Lage und gibt seine Anordnungen. Dazu ergeht die freundliche Einladung: Kommt, seht! Da ist er gelegen, jetzt ist er weg. Kein Wunder, dass die beiden Frauen mit dieser ganz besonderen Mischung aus Furcht und Freude die Flucht ergreifen.

Die Osterbotschaft haut den Menschen um und macht ihn fertig. Das bekannte, so vertraute, so unbarmherzige Weltbild stimmt ja nicht mehr. Und wenn das alles wahr ist, wenn das wirklich wahr ist: warum, um Gottes willen, gehen wir dann vor dem Tod in die Knie? Weil er uns in den Knochen sitzt wie ein Bleigewicht. Der Tod ist stark und mächtig und verheerend. Er schaut uns an aus jedem Winkel und sitzt in jedem von uns als unberechenbare Zeitbombe. Selbst am sonnigen Ostermorgen höre ich sein Hohngelächter von unseren beiden Friedhöfen zu uns in die Kirche hinüberwehen, und es kann durchaus sein, dass heute Nachmittag das Telefon bei mir im Pfarramt klingelt und ein Bestatter mir mitteilt: Tut mir leid, dass ich sie stören muss. Aber wir haben einen Sterbefall - ausgerechnet an Ostern.

Sterbefall. Ein Wort aus dem Wörterbuch der Vergänglichkeit. Immer noch zucke ich zusammen, wenn ich dieses Wort höre. Wieder verloren. Wieder Abschied, wieder Tränen, und ich frage: wie alt, wie jung, woran, warum? Wir alle, vom Tode umfangen, brauchen einen Engel, der uns nicht nur heute, sondern jeden Tag neu ins Ohr flüstert: Fürchtet euch nicht! Der Tod ist auf dem absteigenden Ast.

Spüren wir die Wende der Zeiten, wenn wir uns dem Osterbericht des Matthäus öffnen und den Geist in uns hineinlassen, den er atmet? Das welthafte Geschehen in Natur und Geschichte wird am Ostermorgen durchbrochen. Gott sprengt die Umklammerung unserer menschlichen Existenz und entmachtet den Tod. Kausalitäten werden ins Gegenteil verkehrt, die Logik ist nicht mehr das Maß aller Dinge. Das Maß aller Dinge ist nun Er, der auferstandene Christus, der bereits vorösterlich predigte: „Ich bin die Auferstehung und das Leben. Wer an mich glaubt, der wird leben, auch wenn er stirbt. Und wer da lebt und glaubt an mich, der wird nimmermehr sterben."

Als Johann Peter Hebel erfährt, dass sein Freund aus schwerer Krankheit genesen ist, schreibt er ihm einen fröhlichen Brief: „Dich grüße Gott ins neue Leben, du lieber Auferstandener". Hebel meint, Gesundwerden sei auch eine

Art Ostererfahrung, fügt dann aber hinzu: „Freilich ist's das wahre neue Leben nicht, sondern nur ein Müsterlein davon."

Muster für das neue Leben: davon gibt es viele. In bunten Farben malt dir die aufbrechende Natur die Osterbotschaft vor Augen. Tot der Garten, mausetot, dürre, kahle Äste bis eben noch. Der Winter wollte einfach nicht weichen. Nun bricht das Leben sich wieder Bahn, in der Erde war es schon lange. Eine neue Liebe ist wie ein neues Leben! Nach dunklen Tagen weicht die Depression. Du siehst wieder Licht nach einem langen Winterleben im Tunnel.

Galiläa – dort, wo sie ihn sehen werden – ist überall. Überall ist der Auferstandene am Werk, hinterlässt er seine Spuren. Lebensspuren auf dem Friedhof und auf totem Gelände. Neues Leben in aller Vergänglichkeit. Hier ein Lebenszeichen, dort eines. In China blühen die christlichen Gemeinden auf trotz aller staatlichen Schikanen. Totgesagte, liebe Genossen in Peking, leben eben länger! Schaut nur hin, aber genau! Er ist nicht hier. Nicht hier im Grab. Er ist auferstanden von den Toten.

Was wären wir ohne die österliche Lebens-Botschaft? Was wären wir ohne unseren Mut, unsere ganze Sehnsucht nach Leben und Liebe und Ewigkeit auf den einen zu werfen, der den Tod hinter sich gelassen hat? Die Welt ohne Ostern: sie wäre eine Welt ohne Ausgang, ohne Hoffnung, ohne Glauben, eine Welt zum Weinen.

Eine solche Welt könnte ich nicht ertragen. Ich könnte meiner Wege nicht fröhlich gehen mit der einzigen Perspektive Tod und Grab. Der Sinn in allem würde mir abhanden kommen. Ich will leben mit der Perspektive des Glaubens, dass der Tod letztlich nicht töten kann. Dass Gott der Herr ist über den Tod und uns ein neues Leben schenkt, wenn das Leben hier auf dieser Welt vorbei ist.

Seit dem ersten Ostermorgen ist nichts mehr so, wie es zuvor einmal war. Von wegen: Ruhe in Frieden! Nein: Lebe in Ewigkeit! Der Osterengel hat die Friedhofsordnung handstreichartig außer Kraft gesetzt, sogar die strenge deutsche. Er gestattet uns auf dem Platz der Revolution ein herzhaftes Lachen, Osterlachen eben, dazu ein fröhliches Osterlied, uns zur Freude und zum Trost, dem entmachteten Tod aber zum Ärger.
Fürchtet euch nicht! Er ist nicht hier. Er ist wahrhaftig auferstanden.

Vaterhaus

Was vorüber ist,

ist nicht vorüber

Es wächst weiter

in deinen Zellen

Ein Baum aus Tränen

oder vergangenem Glück

Rose Ausländer

Wir schlafen ein, und um uns bleibt es Nacht. Das ist die Urangst des Menschen. Andere erleben den Tag, erleben viele neue Tage. Uns aber verschluckt die Nacht. Die Erde bringt den neuen Tag hervor. Wir aber sehen den neuen Tag eines Tages nicht mehr so, wie wir ihn immer und wie selbstverständlich sahen. Die Uhren ticken weiter. Sie bleiben nicht stehen, nicht einmal eine Minute lang. Lachend und lärmend stürmen die Kinder ins Schulhaus. Draußen versucht der Nachbar vergeblich, bei eisiger Kälte seinen Wagen zu starten. Der Radiomoderator bemüht sich mit lockeren

Sprüchen um die Morgenmuffel unter seinen Hörern. Im Briefkasten steckt die Zeitung, die wir nicht mehr lesen werden. Das Fernsehprogramm läuft ohne uns weiter. Ohne uns – einfach weiter. Es geht einfach alles weiter, nur ohne uns. Wir schlafen ein, und um uns bleibt die Nacht.

Eine solche Nacht, die kein Ende hat, wird einmal über uns alle kommen. So, wie sie über unsere lieben Verstorbenen schon gekommen ist. Eine Nacht ohne den Morgen danach.

Nein, sagt mir die Witwe, über eine solche Nacht ohne den Morgen danach habe sie nie mit ihrem kranken Mann gesprochen - aus Angst nicht. Aus Angst vor der Wahrheit, die oft so grausam daher kommt, hätten sie beide den Tod verscheucht, natürlich vergeblich, und das noch bis in das Sterben hinein.

Er war noch keine 70. Am Karfreitag fiel er einfach um, gerade am Karfreitag, das kann doch kein Zufall sein, sagt sie, das war ein böses Zeichen. Lungenkrebs. Zwei Schachteln Zigaretten täglich, und das seit 55 Jahren, da spricht sie erst gar nicht von Schicksal, stellt erst gar nicht die Frage nach dem Warum. Aussichtslos, sagten die Ärzte ihm, vielleicht noch ein halbes Jahr mit Bestrahlungen, mehr nicht. Er rauchte weiter und schleppte sich wortkarg über die letzten Runden. Von der Angst, die ihm im Nacken saß und plagte und auch nachts nicht zur Ruhe kommen ließ, keine Rede. Keine Rede mit der Frau über die Urangst des Menschen, einmal einzuschlafen und dann nicht mehr aufzuwachen in einen neuen Tag hinein. Über seine ganz persönliche Urangst. Wir hatten den Mut nicht, sagt sie bedauernd. Die Angst vor dem Tod war größer, sie hat uns den Mund gestopft.

Wenn mein Glaube einen Prüfstand hat, dann diesen: ob er meine Urangst dämpft und ich zu Worte komme. Ob er eine Antwort hat auf den Tod, auf die Nacht, auf das Ende und auf den Verlust, eine hoffende Antwort, eine tröstende.

Die Antwort reicht uns das Neue Testament wie ein Geschenk, wie eine unerhoffte Gnade. Der Tod beendet das Leben, sagt es, doch ist der Tod nicht das Ende von Leben.

Das Neue Testament malt glühende Bilder der Hoffnung über den Tod hinaus. Bilder wie dieses wunderbare Bild von Paulus, dem Meister der Hoffnung: Ist unser irdisches Haus, diese Hütte, abgebrochen, so haben wir einen Bau, von Gott erbaut, ein Haus, das ewig ist im Himmel. In diesem Haus des Vaters, so sagt Jesus, nicht minder bilderreich, gibt es viele Wohnungen. Eine ist dabei, die gehört uns schon jetzt, obwohl wir sie noch gar nicht kennen. Die hat Gott für uns, um im Bild zu bleiben, bereits reserviert, und eines Tages oder einer Nacht werden wir dort einziehen ohne Sack und Pack, sondern nur mit unserer Seele und mit dem, was wir im und auf dem Herzen tragen. Einziehen zu denen, die da schon wohnen und die wir verloren glaubten, und wir werden uns wieder sehen und freudig wieder erkennen, und der Tod wird nicht mehr sein.

Gott gibt es uns schon heute schriftlich, dass es wahr ist und dass es wirklich werden wird, was da geschrieben steht im letzten Buch der Bibel: dass er alles neu macht, alles, sogar das erstorbene Leben.

Was vorüber ist, ist eben nicht vorüber, es wächst weiter in den Zellen, das spürt jeder, der schon einmal an Sterbebetten stand. Sterbende entwickeln eine Kraft, vor der wir dastehen wie ein Rohr im Wind. Sterbezimmer lassen uns etwas spüren vom Geheimnis und vom Frieden des Gottes, der gibt und der nimmt, wenn es für ihn an der Zeit ist.

An Sterbebetten habe ich erfahren dürfen, dass Gott da ist in der Welt. Nicht nur da ist in seinem guten Wort, sondern spürbar da ist, wie ein Hauch der die Haut streichelt und die Sinne sanft berührt.

Doch es gibt viele Tode, nicht nur den friedlichen Tod in einem bergenden Zimmer im Kreise lieber, singender, betender Menschen. Es gibt den

plötzlichen Tod im Kinderbett und den furchtbaren Unfalltod auf der Autobahn. Es gibt den frühen Tod, wenn die Kinder noch klein sind und die Mutter, den Vater noch brauchen. Es gibt den Tod, der Liebende trennt, den Tod der Unzähligen, die von einer Flut ersäuft, von einstürzenden Gebäuden erschlagen werden. Das Elend der Ohnmacht mit den quälenden Warum-Fragen geht um die Welt, es geht durch unseren Ort.
Wir – ohne Macht im Elend. Ein schrecklich menschliches Gefühl! Das Elend der Ohnmacht verschließt uns den Mund und bringt uns in heilsames Schweigen. Heftige Trauer und schmerzhafte Ratlosigkeit vertragen keine noch so fromm daher kommende Rede. Manchmal muss Gott im Schweigen wieder zur Welt kommen und in unsere Seele hinein neu geboren werden.
Wahr ist, dass die Wahrheit Gottes auch uns, die wir glauben oder verstehen möchten, fremd bleibt. Die göttliche Wahrheit fangen wir nicht ein, auch nicht mit klugen Gedanken und gehaltvollen Reden. Wir greifen vielmehr nach ihr wie nach den Scherben einer Vase.
Unser Wissen ist Stückwerk, sagt der Apostel Paulus, jetzt sehen wir durch einen Spiegel ein dunkles Bild, mehr nicht. Und erst dann, wenn das Vollkommene kommt - wenn der Vollkommene kommt - wird das Stückwerk aufhören, und wir werden Gott sehen von Angesicht zu Angesicht.
Bis es soweit ist, rettet uns der Glaube durch die Zeit. Unser mutiger, störrischer, angefochtener, herrlicher Glaube, der darauf besteht, dass das Elend der Ohnmacht weltweit einmal aufhören wird und unsere Toten schon jetzt die Herrlichkeit Gottes sehen.
Als die von Gewalt und Tod bedrängten Gemeinden im ersten Jahrhundert nach Christi Geburt nicht mehr aus noch ein wussten, ihr Glaube erkaltete und ihre Sehnsucht erlosch, gewährte Gott einem Menschen einen Blick hinter den Vorhang. Auf einer einsamen Insel ließ er den verbannten Visionär sehen, was eigentlich unsichtbar ist: die blühende Zukunft. Johannes, der

begnadete Offenbarer von Patmos, schrieb alles auf, was er sah, zum Trost für seine Geschwister im Glauben, zum Trost für die Trauernden, zum Trost in der Not:

„Und ich sah einen neuen Himmel und eine neue Erde. Denn der erste Himmel und die erste Erde sind vergangen, und das Meer ist nicht mehr. Und ich hörte eine große Stimme von dem Thron her, die sprach: Siehe da, die Hütte Gottes bei den Menschen! Und er wird bei ihnen wohnen, und sie werden sein Volk sein, und er selbst, Gott mit ihnen, wird ihr Gott sein. Und Gott wird abwischen alle Tränen von ihren Augen, und der Tod wird nicht mehr sein, noch Leid noch Geschrei noch Schmerz wird mehr sein. Denn das Erste ist vergangen. Und der auf dem Throne saß, sprach: Siehe, ich mache alles neu!"

Erstanden

„Der schöne Ostertag"
Evang. Kirchengesangbuch 117

Der schöne Ostertag!
Sie erinnern sich: Am Ostersonntag war es kalt, vormittags fiel Schnee, schön warm war es nur hier bei uns in der Kirche. Wer schon ganz früh zum Gottesdienst kam, wurde in wohliges Licht gehüllt.
Der schöne Ostertag!
Ich liebe Ostern, spüre Jahr um Jahr diesen harten Kontrast zwischen Jesu Tod hier und Jesu Leben dort. Alles geschieht in nur drei Tagen, man kommt kaum mit, der Trauer bleibt nur wenig Raum, sie wird hinweggefegt von diesem befreienden, österlichen „Er ist nicht hier, Er ist auferstanden!"

Kantate, Ostern liegt vier Wochen zurück. Das Osterfest liegt vier Wochen zurück, nicht aber Ostern an sich. Ostern ist immer, denn jeder Sonntag für sich ist ein Auferstehungstag. Denn wäre Jesus nicht auferstanden, säßen wir nicht hier, sondern vielleicht im Auto oder im Bus auf dem Weg zur Arbeit. Es gäbe ja keinen Sonntag, wenn er nicht auferstanden wäre, denn mitnichten ist der Sonntag eine gewerkschaftliche Errungenschaft, wie manche meinen. Ostern ist der tragende Grund, auf dem wir Christen im Verlauf eines ganzen Jahres stehen und feiern. Ostern ist das Grunddatum der Kirche. Darum auch dieses Osterlied an Kantate: Der schöne Ostertag!

Für war dieses Lied mit der alten Melodie und dem jungen Text die Entdeckung im Gottesdienst in aller Herrgottsfrühe. Bis dahin hatten wir es noch nie gesungen. Bis dahin blühte es wie ein Veilchen im Verborgenen. Es wartete darauf, dass wir es sehen und wahrnehmen und es dann auch zu singen wagen.

Ich mag Musik, verstehe aber nicht viel von Noten. So greife ich bei der Auswahl der Gottesdienstlieder gern auf bewährtes Liedgut zurück, um die Gemeinde und auch mich selbst nicht in gesangliche Schwierigkeiten zu bringen.

Es ist peinlich, wenn der Gemeinde ein Lied vorgesetzt wird, dessen Noten derart kompliziert aussehen, dass ihr schon beim Hinsehen der Sanges-Mut verlässt. Dann wird der Gesang so mager wie ein auf dem Laufsteg stolzierendes Model, und das tut dem Gotteslob gar nicht gut!

Diese Gefahr sah ich auch bei unserem Lied, doch wer nicht wagt, der nicht gewinnt, mir stand der Sinn nach einem neuen frischen Osterlied! Und siehe da: Der kleine Ostermorgen-Chor, der es im Vorfeld einstudierte, nahm die Gemeinde einfach mit – und wie!

Das Lied hat etwas Strahlendes, Frisches, Helles, geradezu bezwingend Fröhliches! Es tut der Seele gut. Ihr Menschen, kommt ins Helle!

Im Hellen, im Licht, stehen wir gern. Die müden Lebensgeister erwachen. Mit der Sonne kehrt nach einem langen grauen Winter die Lebensfreude zurück. Unser erster Vers freilich ist keine frühlingshafte Wetteransage. Das „Helle" ist auch keine vorübergehende Auflockerung, sondern der Platz nahe beim auferstandenen Christus.

An diesem Platz, an diesem Ort, im Bereich seines Geistes und seiner Lebendigkeit, ist es immer hell und klar und warm und schön, selbst im härtesten Winter – oder in einem abgedunkelten Sterbezimmer.

Die Oster-Botschaft fasst unser Lied in einen kurzen knappen, prägnanten Satz: Christ, der begraben lag, brach heut aus seiner Zelle.

Klare Sprache. Keine Schnörkel. Kein Wenn und kein Aber. Schlichte Wahrheit.

Auf „Zelle" reimt sich fein das „Helle", der Gegensatz kann nicht größer sein. Hier die kalte Gruft, der abgeschottete Hohlraum, der Geruch von Tod und Verwesung. Dort die volle Lebensfreude, die frische Luft, der laue Sommerwind.

Dann der Durchbruch von dort nach hier, von der Zelle ins Helle. Man hört gleichsam, wie Christus den schweren Grabesstein ins Rollen bringt, dass es knirscht und kracht, um dann das Gefängnis des Todes, diesen Ort des Nicht-Seins, mit einer triumphalen Geste wie ein Ausbrecher hinter sich zu lassen.

Berühmte Maler haben, ihrer Eingebung folgend, diese Durchbruchs-Szene in eindrückliche Bilder getaucht. Denken Sie nur an Matthias Grünewald und seinen Isenheimer Altar!

Beim Durchbruch von Dort nach Hier, vom Tod ins Leben, war – niemand dabei. Augenzeugen der Auferstehung gibt es nicht, nur Zeugen des leeren Grabes und das Zeugnis derer, die den Auferstandenen sahen. Ihnen dürfen wir vertrauen. Warum denn sollten sie eine unwahre Geschichte erfinden?

Eine erfundene Geschichte hätte doch keinen Bestand gehabt über die Jahrhunderte bis heute, und die Sonne der Gerechtigkeit hätte einen Betrug längst an den Tag gebracht.

Freuen wir uns also darüber, dass der schwere Stein nicht mehr vor dem Gefängnis liegt und den Ausgang versperrt!

Christus hat den Ausgang frei gesprengt. Und eben dieser Ausgang aus dem Gefängnis des Todes ist auch unser Ausgang. Ist der Weg, der uns aus Enge, Not und Tod herausführt.

Doch was wäre, wenn das nicht geschehen, wenn der Ostermorgen sich nicht ereignet hätte? Was wäre, wenn vorm Gefängnis noch der schwere Stein vorhanden wäre? In allen drei Versen unseres Liedes wird diese Frage gestellt, was denn wäre, wenn nicht passiert wäre, was passiert ist.

Man mag sich gar nicht ausmalen, was dann wäre. Dann wäre erstens unser Glaube umsonst, zweitens unser Lebenskampf umsonst und drittens unsere Hoffnung umsonst. Mit Paulus: Wäre Christus nicht auferstanden von den Toten, wären wir die Elendesten unter allen Menschen.

Manchmal spüre ich diese Kälte, wenn die Frage mich anspringt wie eine Katze aus dem Hinterhalt. Die Frage, was denn wäre, wenn nicht. Dann wäre alles leer und sinnlos. Dann wäre unser kurzes Leben mit dem Tod wirklich dahin, und kein Hahn würde nach uns krähen. Dann würden wir versinken in das totale Nichts, und nichts hätte Sinn, und was uns niederwirft im Leben, wäre wie ein Fluch. Es gäbe keinen Trost. Der Lebenskampf würde niemals gekrönt werden, es gäbe keine Erlösung.

Es ist heilsam, dass das Lied in allen Strophen die Frage aufwirft, was denn wäre, wenn Er sein Kreuz nicht in unser Leben getragen, wenn Er nicht den Fluss des Todes durchschritten hätte. Wir wären dann allesamt verloren. Doch was ist ein Leben ohne Hoffnung auf den Himmel? Doch nicht zu sehr der Grübelei verfallen! Nicht zu sehr die bedrückenden Gedanken denken!

Er ist ja erstanden. Gott sei Dank. Er ist erstanden. Jeweils dreimal verkündigt das Lied in seinen drei Strophen die befreiende österliche Botschaft, damit der aufkommende Zweifel nicht zu groß und zu übermächtig wird, die Freude aber umso mächtiger: Doch nun ist er erstanden, erstanden, erstanden!
Der schöne Ostertag an Kantate. Ihr Lieben: Kommt ins Helle!

VOM GEIST
VOM GLAUBEN

Pfingsten

Golfstrom

„Wer mich liebt, der wird mein Wort halten; und mein Vater wird ihn lieben, und wir werden zu ihm kommen und Wohnung bei ihm nehmen. Wer aber mich nicht liebt, der hält meine Worte nicht. Und das Wort, das ihr hört, ist nicht mein Wort, sondern das des Vaters, der mich gesandt hat. Das habe ich zu euch geredet, solange ich bei euch gewesen bin. Aber der Tröster, der Heilige Geist, den mein Vater senden wird in meinem Namen, der wird euch alles lehren und euch an alles erinnern, was ich euch gesagt habe."
Johannes 14, 23-27

Kein Kind in der Krippe. Kein leeres Grab. Kein auferstandener Jesus, der den Frauen begegnet in der Frühe des Ostermorgens. Stattdessen: Körperloses Wehen. Gestaltlose Energie. Feinstoffliche Kraft. Göttliches Verströmen. Golfstrom für gefrorene Seelen.

An Pfingsten liegt etwas in der Luft. Etwas Unanschauliches, Unbegreifbares. Dieses „Etwas" wehrt sich gegen jede verbale Einschnürung. Es will vielmehr gefühlt, gespürt, will aufgesogen werden wie Sauerstoff.

An dieser Unanschaulichkeit liegt es wohl, dass Pfingsten keinen Spitzenplatz einnimmt in der Reihe der großen kirchlichen Feiertage. Pfingsten ist das große, weithin unbekannte Fest der Christenheit. Zwar ist das Wort „Spiritualität" in aller Munde, und wer heute „in" sein will und etwas auf sich hält, ist natürlich „spirituell". Dagegen ist nichts einzuwenden, lebt der Mensch doch nicht vom Brot allein. Auch die Seele will gefüttert werden, sonst verkümmert sie, wird freudlos, geistlos, atemlos. Doch man sollte schon genau hinspüren, welchem Geist man sich öffnen will. Denn auf dem großen, unübersichtlichen Markt der spirituellen Möglichkeiten sind nicht nur die guten Geister, sondern auch die bösen Geister am Werk. Schnell ist man einem obskuren Ungeist auf den Leim gekrochen, der die Seele nicht beflügelt, sondern quält und verwirrt!

Nicht ohne Grund bittet der Apostel Paulus Gott um die Gabe der Unterscheidung der Geister. Denn was bisweilen religiös, spirituell daherkommt, muss noch lange nicht aus Gottes Quelle stammen. Achten wir deshalb genau auf die Qualität! Geist ist nicht gleich Geist. Auf die Wirkung kommt es an.

Die ist im Falle des heiligen Geistes bemerkenswert. Aus hasenherzigen Jüngern macht er mutige Verkündiger des Evangeliums. Aus Stubenhockern werden Marktplatzprediger. Traurigkeit verwandelt der Geist in Freude, Skepsis in überschäumenden Optimismus, Müdigkeit in Lebenslust. Nicht zuletzt wird der Geist zum Geburtshelfer der Kirche.

Wo der Geist weht, dieser windige Geselle, werden Menschen fromm. Wo er sich ausbreitet, schwindet die Kälte, wird es warm, hell und freundlich. Aus den nackten Buchstaben der Bibel macht er eine frohe Botschaft, aus unseren verschlossenen Herzen eine Wohnung für Jesus, aus unseren Gemeinden freundliche Stätten der Begegnung.

Der Geist Gottes schafft Wohlfühlatmosphäre nicht nur im Raum der Kirche. Den guten Geist spüren wir sofort und überall, denn unsere Sinne sind darauf geeicht. Wir spüren sofort, ob in einem Betrieb ein guter oder ein schlechter Geist herrscht. Wir spüren den Geist beim Betreten einer Amtsstube oder eines Kaufhauses. Wir spüren ihn in einer Schule oder in einem Kindergarten. Wir spüren, ob eine Begegnung mit einem anderen Menschen von einem freundlichen oder von einem unfreundlichen Geist getragen wird. Wes Geistes Kind jemand ist, fühlen wir in einem einzigen Augenblick. Wäre Gottes Geist nicht in der Welt, wäre er nicht in uns, in unserem Geist, wären wir geistlos und von allen guten Geistern verlassen. Wäre der Geist nicht da, hätten wir keinen Glauben und keine Hoffnung, sondern Angst und den Winter im Gemüt. Wäre der göttliche Geist nicht in der Welt, hätte es keine Kirche gegeben. Wir hätten kein Kind getauft, kein Lied gesungen, kein Gebet gesprochen. Statt Gott wäre der Teufel los. Es würde uns frieren mitten im Sommer. Nur geistloses Geschwätz würde unsere Ohren beleidigen.

Vor einem solchen geistlosen Leben, vor einer Welt ohne Hoffnung und Liebe, ist den Jüngern angst und bange. Aus dem Evangelium für dieses Pfingstfest, den Abschiedsreden Jesu an seine Freunde, tropft diese Angst vor der Geist- und Ratlosigkeit. Die Jünger sind durcheinander, weil sie wissen: Jesus geht, seine Erdenzeit ist vorüber. Mit ihm kam der Sinn. Nun ist die Zeit des Abschieds gekommen. Jesus kehrt zurück zu seinem Ursprung, zurück in die göttliche Dimension, aus der er gekommen ist. Der direkten Ansprache wird er damit entzogen sein. Er kann nicht mehr gefragt, nicht mehr berührt werden, man hört nicht mehr seine Worte aus seinem Mund. Allein, wieder allein, weit weg das verheißene Reich Gottes. Allein in friedloser Welt in friedloser Zeit. Gott nicht mehr gegenwärtig in Jesus, sondern unauffindbar in den unausdenkbaren Weiten des Universums. Wie

soll es weitergehen ohne ihn? Geht es ohne ihn überhaupt weiter? Wird die Gemeinschaft bleiben? Werden seine Worte weitergegeben werden von einer Generation zur nächsten? Wird der Glaube bleiben, dass Gott die Welt trotz aller Hinweise auf das Gegenteil doch in seiner Hand hat?
Fragen über Fragen. Zwölf Jünger und die Welt als Acker für den Samen des Reiches Gottes. Wie soll das gehen?
Jesus spürt die Furcht, dämpft sie: „Euer Herz erschrecke nicht und fürchte sich nicht!" Er spricht von der Liebe zwischen ihm und ihnen, von diesem unzerreißbaren Band, das im Himmel geflochten wird. Die Liebe, so sagt Jesus, werde bleiben, werde sie unsichtbar miteinander verbinden bis in alle Ewigkeit. Wer ihn liebe, bei dem bleibe auch sein Wort. Wer ihn liebe, zu dem würden er und Gott kommen und Wohnung nehmen, sich einnisten als ständige Untermieter. Was vorüber sei, sei nicht vorüber. Es wachse weiter wie ein Baum, der sich nährt von vergangenem Glück.
Aber nicht nur von vergangenem. Irgendwann, das weiß Jesus, wird auch die größte Liebe schwach, wenn sie keine Nahrung bekommt und keine Vergewisserung. Auch die Jünger, die Zeugen der ersten Stunde, werden einmal nicht mehr sein. Wer sorgt dann für den Lauf des Evangeliums?
Darum muss der Geist Gottes in die Welt, den Jesus als „Tröster" ankündigt. Er muss in die Welt als präsente göttliche Kraft, als Triebfeder des Glaubens, als Antrieb, als Treibstoff. Er muss in die Welt als göttliche Energie, die in den Menschen, in der Kirche wirksam ist und bleibt. Er muss in die Welt als der göttliche Stoff, der beseelt und die Gewissheit schenkt: Gott ist gegenwärtig, auch wenn ich ihn nicht sehe und die Stimme Jesu nicht höre.
Dann bricht der versprochene Tröster an Pfingsten ein mit Macht. Es kracht im Gebälk, durch das Haus rast ein Orkan. Die Jünger werden begeistert, reißen die Türen auf, wagen sich hinaus, trauen sich auf den Markt, taufen

3000 Menschen, die der Geist gleichfalls ansteckt auf seine unwiderstehliche Weise.

Die christliche Kirche ist, welch Wunder, immer noch da. Die an Pfingsten geborene Kirche, diese ganz und gar unmögliche, gar nicht einheitliche Kirche, die alle überlebt hat: einen Kaiser Nero und einen Kaiser Napoleon, einen Stalin und einen Mao Tse Tung und den Hitler. Hätte Gott gewollt, dass es keine Kirche gibt, gäbe es sie nicht mehr. Aber der göttliche Geist, der Leben schafft und Gemeinden baut, ist immer noch am Werk!

Nicht flächendeckend. Nur dort, wo man ihn lässt. Nur dort, wo man um sein Wirken betet. Nur dort, wo er will. Ich habe das gute, sichere, schöne Gefühl, dass der Geist Gottes gerne hier bei uns in der Gemeinde weht. Spürt Ihr ihn auch, spürt ihr sein leises Wehen, seine Eleganz, seine zarte Berührung, seinen göttlichen Charme? Der Wind, der Geist, erzählt uns. Er redet. Er singt. Er flüstert. Wir hören ihn und antworten. Unser Leben ist ein Gespräch mit dem heiligen Gott.

Trinitatiszeit

Überwindung

„Vergeltet niemandem Böses mit Bösem. Seid auf Gutes bedacht gegenüber jedermann. Ist's möglich, soviel an euch liegt, so habt mit allen Menschen Frieden. Rächt euch nicht selbst, meine Lieben, sondern gebt Raum dem Zorn Gottes; denn es steht geschrieben: Die Rache ist mein; ich will vergelten, spricht der Herr. Vielmehr, wenn deinen Feind hungert, gib ihm zu essen; dürstet ihn, gib ihm zu trinken. Wenn du das tust, so wirst du feurige Kohlen auf sein Haupt sammeln. Lass dich nicht vom Bösen überwinden, sondern überwinde das Böse mit Gutem." Römer 12, 17-21

Einer fängt an. Immer fängt einer an. Ein böser Blick, ein unbedachtes Wort, eine Provokation, ein Schlag: schon ist der Frieden dahin. Einer fängt an. Ein anderer hält dagegen. Ist beleidigt, gekränkt. Wehrt sich, schlägt zurück, zahlt heim. Rache ist süß. Wie du mir, so ich dir. Auf einen groben Klotz gehört ein grober Keil. Im Namen der Freiheit und der Gerechtigkeit. Du musst dagegen halten, lernte ich frühzeitig auf dem Schulhof, obwohl mir meine Eltern etwas anderes beigebracht hatten. Sie ahnen es: die Sache mit der Backe, von der Jesus in der Bergpredigt spricht. Die linke soll man hinhalten, wenn einem einer auf die rechte schlägt. Meine Eltern fanden das richtig und fromm. Ich nicht. Meine Eltern kannten ja auch nicht Johann Engelmann, den schlimmsten Schläger der Schule. Aggressionsgeladen. Ein Feigling. Nahm sich nur die Schwächeren vor, also auch mich. Grundlos schlug er mir auf dem Schulweg ins Gesicht. Natürlich versuchte ich ihm zu entkommen, aber das gelang mir nicht immer. Unversehens war er da, grinste dieses ekelhafte Engelmann-Grinsen. Und diesem Peiniger sollte ich, ging es nach Jesus und meinen Eltern, auch noch freiwillig die linke Backe hinhalten? Jesus hin, Jesus her: Ich dachte nicht daran.

Eines Tages schlug ich zurück. Wild, wütend, unkontrolliert. Völlig außer Rand und Band. Mir war alles egal. Auf meinen Widerstand war Johann Engelmann nicht gefasst. Nach unserem Kampf sahen wir zwar beide aus, als seien wir vom Auto überfahren worden. Aber von da an ließ er von mir ab, und ich war der Held der Schule.

Reine Notwehr. Keine Vergeltung für erlittenes Unrecht. Ich wollte das Böse ja nicht. Aber Johann Engelmann, der war böse und wollte das Böse – warum auch immer.

Ist einem Christen Notwehr verboten? Hat sich nicht auch der edle David dem grobschlächtigen Goliath in den Weg gestellt? Wäre es nach Jesus, wäre es nach Paulus gegangen, hätte David sich, wenn ich es recht sehe, von Goliath aufspießen lassen müssen. Dann wäre das Volk Israel von den Philistern überrannt worden, was Gott gewiss nicht gefallen hätte.

Die Bibel, vor allem in ihrem ersten Teil, ist ein Buch, das viel von Gewalt und Krieg und Rache erzählt. Von Leid und Elend, von Flucht und Vertreibung. Die Bibel, ein Buch aus dem wahren, wirklichen und zu oft schrecklichen Leben, sagt es ungeschminkt, wie es war, wie es ist bis heute. Gewalt ist überall. Sie tobt sich jetzt wieder aus im Nahen Osten und in der islamischen Welt, mit einer unfassbaren Brutalität. Wie stoppt man einen machtgierigen Putin, der die ukrainische Krim besetzt und Russland einverleibt? Wie stoppt man die Milizen der Isis, wie die Terror-Sekte Boko Haram? Wie hält man die Spirale der Gewalt in Palästina an?

Wer dem Bösen nicht in den Arm fällt, macht sich mitschuldig. Sagte Bonhoeffer. Unser Bundespräsident hat Recht, wenn er, auch im Gefolge von Dietrich Bonhoeffer, die These vertritt: Im Kampf für das Überleben unschuldiger Menschen sei es manchmal erforderlich, auch zu den Waffen zu greifen. Für diesen Satz wurde Gauck von einem Hinterbänkler im brandenburgischen Landtag der „Kriegshetzerei" bezichtigt. Ein unglaublicher Vorgang. Aber auch Margot Käßmann, die einstige protestantische Vorzeigefrau, kommentierte mit moralischem Tremolo: Im Zeitalter von Drohnen und Massenvernichtungswaffen könne niemand mehr Krieg als Werkzeug Gottes ansehen. Aber das tut doch kein Mensch guten Willens. Guten Willens sind wir alle, die wir die Menschen und den Frieden lieben. Wir wollen das Gute, wir leiden unter dem Bösen. Vor allem leiden wir Christen, haben wir doch in der Regel einen hohen moralischen Anspruch und ein gutes Gespür für das, was dem Leben dient.

Gott sei es geklagt, gibt es keine Patentlösung. Es gibt keinen Königsweg zum Frieden und in die Freiheit. Solange wir unter den Bedingungen dieser in Sünde gefangen liegenden, unerlösten Welt leben, solange das Reich Gottes noch keine Wirklichkeit ist unter uns, solange werden uns Gewalt und Unfreiheit begleiten und bedrohen.

Solange setzt uns aber auch das Evangelium zu mit der Frage: Wie hältst du es ganz persönlich mit der Gewalt? Wie begegnest du dem Bösen und dem Zerstörerischen und der Ungerechtigkeit und der Unfreiheit in Deinem unmittelbaren Umfeld? Ist dein Herz ein Ort der Liebe oder ein Ort der Rache? Kennst du die Gefühle von Wut und Ohnmacht, was machen sie mit dir? Wie gehst du mit deinen Schattenseiten um, wie mit deinen Aggressionen?

Den Teufelskreis von Angst, Gewalt und noch mehr Angst und noch mehr Gewalt vor Augen, suchen Jesus und Paulus nach der Möglichkeit einer Durchbrechung dieses unseligen Kreises. Sie sehen diese Möglichkeit in einem Widerstand der ganz anderen, der besonderen Art: Lass Dich nicht vom Bösen überwinden! Überwinde das Böse mit Gutem!

Paulus beobachtet sich selbst genau. Zorn, Wut, Rachegelüste kennt er von sich. Verletzungen, verratene Liebe entfachen ein unheiliges Feuer. Wie schnell sind seine schlummernden Aggressionen von der Kette! Er weiß: Es gab eine Zeit, da gehörte er zu den Bösen, ohne es eigentlich zu wollen oder gar zu wissen. Er hat Christen verfolgt. Ihr Tod war ihm egal.

Was den Verfolger von einst ehrt: Er redet über diese Zeit. Er redet über sich und die Abgründe in ihm. Tut nicht so, als sei er ein Engel. Legt sich keinen Heiligenschein um. Nun aber rückt er sich heraus aus dem Zwielicht seiner Menschlichkeit in das Licht Gottes. Er geht also einen Schritt weiter. Weg von sich selbst, hin zu Gott. In diesem Licht Gottes sieht er eine unbegreifliche Liebe. Er sieht die Geduld Gottes und das göttliche Erbarmen. Er sieht das göttliche Prinzip Gnade vor Recht. Er sieht Jesu Feindesliebe, die Lichtjahre weit hinausgeht über Nettsein, Anstand und Hilfsbereitschaft. Und er sagt: die Menschenliebe Jesu trägst auch du in dir wie einen Schatz. Die Liebe Jesu in dir macht dich zwar nicht unverwundbar. Sie macht dich aber mutig und kühn. Du kannst es dir leisten, auf Gutem bedacht zu sein gegenüber jedermann. Du bist so frei. Du kannst es dir leisten, auf Rache zu verzichten und das letzte Gericht dem Jüngsten Gericht zu überlassen. Diese Haltung der Großzügigkeit ist nicht umsonst. Sie kostet dich Opfer, denn es gibt keinen wirklichen Frieden zwischen den Menschen ohne Opfer.

Das Opfer kann darin bestehen, in einem Konflikt nachzugeben und nicht auf dem Recht zu bestehen. Es kann darin bestehen, den Ausgleich zu suchen und den Kompromiss anzustreben. Es kann auch in der Größe bestehen, dem anderen die Hand zu reichen als Zeichen dafür, dass ich ihn trotzdem achte, auch wenn die Dinge zwischen uns unausgeräumt stehen.

Als glaubwürdiger Zeuge Jesu und an der Seite des Paulus predigte Albert Schweitzer geradezu prophetisch:

„In dieser Zeit, in der Gewalttätigkeit sich hinter der Lüge verbirgt und so unheimlich wie noch nie die Welt beherrscht, bleibe ich dennoch davon überzeugt, dass Wahrheit, Friedfertigkeit und Liebe, Sanftmut und Gütigkeit die Gewalt sind, die über alle Gewalt ist. Alle gewöhnliche Gewalt in dieser Welt schafft sich selber eine Grenze, denn sie erzeugt eine Gegengewalt, die ihr früher oder später ebenbürtig oder überlegen sein wird. Was ein Mensch an Gütigkeit in die Welt hinaus gibt, das arbeitet an den Herzen der Menschen und an ihrem Denken. Unsere törichte Schuld ist, dass wir nicht ernst zu machen wagen mit der Gütigkeit. Eine unermesslich tiefe Wahrheit liegt in dem Worte Jesu: Selig sind die Sanftmütigen, denn sie werden das Erdreich besitzen."

Noch sind die Sanftmütigen die Dummen. Aber eben diesen Dummen, diesen Narren Christi, gehört die Zukunft.

Wir Christen müssen die Wirkmacht des Guten im Schwange halten. Wer, wenn nicht wir? Wir müssen diese Wirkmacht des guten aufrühren in der Welt wie Zucker im Teeglas! Ist es möglich, so viel an Euch liegt, habt mit allen Menschen Frieden. So viel an Euch liegt. Es kann der Frömmste eben nicht im Frieden leben, wenn es dem bösen Nachbarn nicht gefällt. Ist es so, gehe ihm aus dem Weg und bete für ihn.

Kurt Marti betet: „Ach, Herr, dass ich, wenn's drauf ankommt, im Gegner den Bruder, im Störer den Beleber, im Säufer den Beter, im Prahlhans den einst Gedemütigten, im heute Feigen den morgen Mutigen, im Mitläufer den morgen Geopferten, im Schwarzmaler den Licht- und Farbenhungrigen, im Gehemmten den heimlich Leidenschaftlichen erkennen könnte! Leicht ist das nicht. Es bräuchte, o Gott, die Gegenwart Deines Geistes!"

Heute weiß ich: es fehlte mir der Geist, der eigene und Gottes Geist dazu, in Johann Engelmann, dem Peiniger, den selbst Gepeinigten, den täglich vom Vater im Suff Verdroschenen zu sehen und somit zu wissen, warum er losging auf andere und speziell auf mich. Meine Dresche hatte er trotzdem verdient! Doch vielleicht, vielleicht wären wir, wären wir beide geistreicher und nicht so bescheuert gewesen, noch Freunde geworden.

Brot

„Da sprachen sie zu ihm: Was tust du für ein Zeichen, damit wir sehen und dir glauben? Was für ein Werk tust du? Unsre Väter haben in der Wüste das Manna gegessen, wie geschrieben steht: Er gab ihnen Brot vom Himmel zu essen. Da sprach Jesus zu ihnen: Wahrlich, wahrlich, ich sage euch: Nicht Mose hat euch das Brot vom Himmel gegeben, sondern mein Vater gibt euch das wahre Brot vom Himmel. Denn Gottes Brot ist das, das vom Himmel kommt und gibt der Welt das Leben. Da sprachen sie zu ihm: Herr, gib uns allezeit solches Brot. Jesus aber sprach zu ihnen: Ich bin das Brot des Lebens. Wer zu mir kommt, den wird nicht hungern; und wer an mich glaubt, den wird nimmermehr dürsten." Johannes 6, 30-35

Woher komme ich, wohin gehe ich? Bin ich ein Produkt des Zufalls, eine Laune der Natur, ein Staubkorn nur, unbedeutend, sinnlos, ziellos? Menschen suchen, Menschen fragen, Menschen sehnen sich. Menschen haben Hunger. Der Mensch ist religiös, weil er ein Mangelwesen ist, den Mangel spürt und fragt. Er fragt nach Sinn und Halt und danach, ob sein Stuhl im Orbit von Gott dahin gestellt wurde oder ob die Welt vielleicht nur das gigantische Produkt unendlich komplizierter chemischer und physikalischer Abläufe ist. In der Zeitung las ich, dass Astronomen die fernste Galaxie identifizierten, die je beobachtet wurde. Das Licht dieser Galaxie ist 13 Milliarden Jahre zu uns hin unterwegs. 13 Milliarden Jahre! Eine unermessliche, unvorstellbare Zeitspanne.

Bin ich wichtig? Sieht mich jemand? Hört mich jemand? Antwortversuche und Antworten auf diese existentiellen Grundfragen gibt es wie Sand am Meer. Gute und richtige Antworten, merkwürdige, scheinheilige, abenteuerliche, falsche.

In Wittenberg, der Lutherstadt, die meine Frau und ich besuchten, sahen wir in einer Straße zwei Geschäfte direkt nebeneinander. Links einen christlichen Buchladen. Rechts einen esoterischen Buchladen. Wir standen davor, in der Mitte, und ich sagte zu meiner Frau: Hier kann jeder nach seiner eigenen Facon selig werden.

Wähle den Sinn! Entweder links oder rechts. Wir gingen nach links und waren überrascht vom umfangreichen und guten Angebot an christlicher Literatur für alle Altersstufen. Die Verkäuferin war sehr nett und freundlich, der Umsatz sei ganz gut, durchaus zufrieden stellend in der Geburtsstadt der Reformation, in der nur noch rund 17 Prozent überhaupt einer christlichen Kirche angehören. Ins Geschäft rechts sind wir nicht gegangen, vielleicht ein Fehler, vielleicht auch nicht, aber am Ladeneingang schon grüßten uns allerhand bunte Seidentücher, Traumfänger, Amulette und Engelgestalten, und es roch stark nach Räucherstäbchen. Das wollten wir uns dann doch nicht antun im Schatten der Schlosskirche. Menschen haben Hunger. Die Menschen in unserem Sonntagsevangelium, Menschen wie wir, fragen, suchen, sehnen sich, sind hungrig. Wer ist der Weg, wer die Wahrheit, wer das Leben? Wer gibt ihnen nahrhaftes, kräftiges Seelenbrot und nicht nur eine dünne spirituelle Wassersuppe, die auf Dauer nicht satt macht? Sie können sich schon vorstellen, ihre vielen Lebens-Fragen nach dem Woher und Wohin und Wozu dem zu stellen, der seit geraumer Zeit für Verwunderung sorgt und Dinge tut, die keiner tut. Sie können sich vorstellen, ihr Leben mit ihm zu wagen und in seiner Nähe Ruhe und Geborgenheit zu finden für ihre aufgescheuchten Seelen.

Zuvor aber stellen sie Jesus eine Bedingung. Zuvor wollen sie von ihm eine Art Heiligen-Nachweis: „Was tust du für ein Zeichen, damit wir sehen und dir glauben? Was für ein Werk tust du?" Erst sehen, dann glauben. Erst wissen, dann vertrauen. Irgendetwas, ein Wunder vielleicht, das die Normalität und die Kausalität durchbricht, soll ihnen die Sicherheit geben, mit Jesus den Richtigen gefunden zu haben und nicht dem Falschen auf den Leim gekrochen zu sein.

„Jesus, tu etwas! Mache die Kranken gesund, verschaffe den Rechtlosen Recht, gib den Hungrigen Brot, den Arbeitslosen Arbeit, den Heuchlern und Lügnern Zunder! Mach aus dieser erbärmlichen Welt eine heile Welt!" Sie haben Mose vor Augen, Idol vergangener glorreicher Zeiten. Mose, den Helden vom Sinai. Als das Brot knapp wurde auf dem Weg durch die Wüste ins gelobte Land, lag eines schlechten Morgens das Manna auf dem Weg und rettete den Israeliten das Leben. Jesus, kannst Du das auch? Kannst Du Mose das Wasser reichen?

Der Duft von frischem Brot, vermischt mit Fischgeruch, liegt noch in der Luft. 5 000 hat Er eben erst satt gemacht an den Ufern des Sees Tiberias. Haben die Fragenden das Zeichen nicht gesehen? Wollen sie noch eines? Sind die Leute wundersüchtig? Mit den Zeichen vom Himmel herab hat es eine zwiespältige Bewandtnis. Kaum hat man ein Zeichen bekommen, muss schon wieder eines her. Am liebsten wäre uns ein Leben voller Zeichen des lebendigen Gottes! Nein, sagt der Meister des Brotes, es gibt kein neues Zeichen von mir. Kein Brot im Übermaß für jeden Tag. Bin ich denn der Brotbäcker für die Ewigkeit, ein Super-Mose gar?

Jedes Zeichen, jedes Wunder trägt ein Verfallsdatum. Es hält nicht vor, verliert an Strahlkraft, gerät in Vergessenheit. Erst glauben, dann sehen! Erst vertrauen, dann wissen! So und nicht anders ist die Reihenfolge.

Dann verschiebt sich, wie so oft, die Ebene. Während die Menschen um Jesus herum noch auf Brot in Fülle spekulieren, ist Jesus mit seinen Gedanken weit voraus und woanders. Ist denn, so hören wir ihn predigen, das Leben nicht mehr als die Nahrung und der Leib mehr als die Kleidung? Was macht satt über den Tag hinaus? Woher kommen die Kalorien für die Seele? Was nimmt dem Leben die Leere, was gibt ihm die Fülle nicht nur für eine Weile, sondern für immer?

Brot, von dem ich lebe, ist kein Programm, kein Rezept, keine geheime Weisheit. Brot, von dem ich lebe, ist Er. Er ist das Brot, Er will es sein für alle. „Ich bin das Brot des Lebens."

Zum Brot, das Jesus heißt und ist, kommen wir durch das Gebet. Im Gebet geschieht Beziehung, wir nehmen Verbindung zu ihm auf. Wir reden mit ihm. Wir merken bei diesem Reden, dass die Einsamkeit aufhört und die Angst vor dem Absinken in Tiefen sich legt. Wir werden ruhiger, die Schwere weicht dem unbedingten Leicht-Gefühl, dass wir geborgen sind. Wir beten, wie uns gerade ist: Christus, nimm dich meiner an! Christus, öffne mir eine Tür! Christus, sei um mich wie eine Mauer! Christus, nimm mich an die Hand! Christus, sei mir Halt! Christus, sei mir der Stern, auf den ich schaue! Wer betet, redet sich alles von der Seele und füllt sie mit Jesu Gegenwart im Geist. Wer betet, verändert sich. Wer betet, schärft seine Sinne und kommt dem Geheimnis von Welt und Universum auf die Spur. Wer betet und um Brot vom Himmel bittet, nimmt zu an Weisheit, Erkenntnis, Frömmigkeit und Kraft.

Zum Gebet gesellt sich das Wort der Heiligen Schrift. Es ist die Hauptspeise. Das Losungswort am Morgen ist uns das geistliche Frühstück für den ganzen Tag. Manchmal gibt es süßes Weißbrot, manchmal kerniges Schwarzbrot. Der Gottesdienst wird uns zum reichlich gedeckten Sonntags-Gottes-Tisch. In ihm kommt Jesus zu uns in vielerlei Gestalt. Im Gebet, im Wort, im Lied, in der Musik, im Abendmahl ist er als Brot zu finden. Jesus – ein Mensch wie Brot. Lothar Zenetti dichtet von ihm:

„Wo er war, begannen Menschen freier zu atmen. Blinden gingen die Augen auf. Gedemütigte wagten es, zum Himmel aufzuschauen und Gott ihren Vater zu nennen. Sie wurden wieder Kinder, neugeboren, er rief sie alle ins Leben. Er stand dafür ein, dass keiner umsonst gelebt, keiner vergebens gerufen hat, dass keiner verschwindet namenlos im Nirgendwo und Nie. Ein Mensch wie Brot, das wie Hoffnung schmeckt. Ein Wort, dem kein Tod gewachsen ist, das aufersteht und ins Leben ruft unwiderstehlich. Wahrhaftig. Dieser ist Gottes Sohn."

Fundsache

„Das Himmelreich gleicht einem Schatz, verborgen im Acker, den ein Mensch fand und verbarg; und in seiner Freude ging er hin und verkaufte alles, was er hatte, und kaufte den Acker. Wiederum gleicht das Himmelreich einem Kaufmann, der gute Perlen suchte, und als er eine kostbare Perle fand, ging er hin und verkaufte alles, was er hatte, und kaufte sie." Matthäus 13, 44-46

Meine Schätze aus Kindertagen ruhen in einem alten Karton mit der Aufschrift „Gold Dollar Filter." Gold Dollar war einmal, die Älteren unter uns erinnern sich, eine deutsche Zigarettenmarke. Ab und an, in Momenten verklärender Erinnerung, nehme ich den Karton, hole dieses, jenes heraus, tauche ein in die 50er Jahre, die meine Kindheitsjahre waren.
Bibeltexte machen etwas mit uns, setzen Bilder frei, Gedanken, Erinnerungen. Wie schön Jesus erzählen kann! Seine Sätze vom Schatz im Acker und der kostbaren Perle bringen uns dem Himmelreich ganz nahe, nach dem wir uns sehnen, wie sich der Kaufmann in unserem kleinen Gleichnis nach der vollkommenen Perle sehnt.
Für mich lagen die Schätze meines kleinen Lebens verborgen in einem Pfund Ostfriesentee. Wir daheim tranken zumeist den Tee von Onno Behrends, der kam direkt aus Norden, meiner Heimatstadt, aber ab und an brachte ich meine Mutter auch dazu, den von Bünting aus Leer zu kaufen, den sie nicht so gerne mochte.
Die Pfundpäckchen von Onno Behrends und von Bünting enthielten kleine Bildchen, die ich leidenschaftlich sammelte und sorgsam verwahrte. Hatte ich eine Serie zusammen, wurde sie mit einem Gummiband gesichert, immer

wieder hervorgeholt, betrachtet. Das waren Momente der absoluten Glückseligkeit.

Die vollständige Bildchen-Serie von Onno Behrends habe ich noch. Sie erzählt die Geschichte von Robinson Crusoe. Aus den Serien von Bünting habe ich nur noch Restbestände: Bildchen mit Tieren und ein paar Bildchen aus einem Sammel-Märchen-Quartett.

Das Glück ist einfach. Es liegt nicht auf der Sparkasse, sonst wären ja alle reichen Menschen auch glücklich. Auf der Suche nach dem Glück sind wir jedenfalls alle, und vielleicht hast du dein Glück und deinen persönlichen Schatz bereits gefunden. Vielleicht ist dieser Schatz der geliebte Mensch an deiner Seite, der dir wie durch ein Wunder begegnete unter Tausenden von Menschen. Vielleicht ist das Glück der Augenblick, auf den du so lang warten musstest – ein Augenblick der Seligkeit, des Einverständnisses mit Gott und der Welt.

Jesus erzählt gleichnishaft, schlicht und einprägsam, was es auf sich hat mit dem immerwährenden himmlischen Glück:

„Das Himmelreich gleicht einem Schatz, verborgen im Acker, den ein Mensch fand und verbarg. Und in seiner Freude ging er hin, verkaufte alles, was er hatte, und kaufte den Acker. Wiederum gleicht das Himmelreich einem Kaufmann, der gute Perlen suchte, und als er eine kostbare Perle fand, ging er hin und verkaufte alles, was er hatte, und kaufte sie."

Das zweite Gleichnis ist dem ersten ähnlich mit einem kleinen feinen Unterschied: Der Kaufmann findet nicht zufällig, er sucht zielgerichtet. Er weiß, was er will, geht meilenweit, ehe ihm das Glanzstück vor Augen kommt und in die Hände fällt.

Beide Kurz-Gleichnisse leben vom Überraschungs-Moment. Von einer Sekunde auf die andere verändern sich das Leben und alle Lebensumstände. Nun ja keinen Aufschub! Kein Zögern! Zugreifen! Handeln! Jetzt oder nie!

Offenbar kann man das Glück auch verpassen, indem man ihm nicht traut, nicht danach greift, die einmalige Chance verstreichen lässt. Geschichten verpasster Gelegenheiten kennen wir alle. Sie können das Leben mit einem Grauschleier überziehen. Ja, hätte ich doch nur, damals!

Ackerknecht und Perlenmann sind mutig und greifen zu. Nur wer wagt, der gewinnt! Für Gott, für den Glauben, für den religiösen Schatz gilt das in ganz besonderem Maße. Das Gleichnis handelt ja vom Himmelreich. Vom Finden Gottes, von der Suche nach Gott.

Schauen wir zunächst auf den Perlenmann. Der ist ein geistlich interessierter Mensch. Er gönnt sich Stunden der inneren Einkehr. Er sammelt die Perlen des Glaubens. Er ist offen für die Begegnung mit dem „ganz Anderen" auf vielen religiösen Märkten. Leben ist für ihn wie ein großes Wunder. Er spürt das Geheimnisvolle, das in den Dingen verborgen ist, und hat einen Sinn für das Übersinnliche. Doch noch spürt er Mangel. Noch weiß er sich nicht am Ziel seiner spirituellen Suche. Noch ist ihm die reine Wahrheit nicht begegnet bis zu jenem Augenblick, in dem er Christus findet und entdeckt.

Was unterscheidet die Christus-Perle von allen anderen? Sie ist schöner, größer, reiner, kostbarer. Christus ist der Sohn Gottes. Wer könnte mehr glänzen? In ihm kommt das vollkommene Licht in die Welt. Wer könnte strahlender sein? In keinem anderen kommt Gott uns näher als in ihm. Was braucht es mehr als Christus, den Erlöser, den Überwinder des Todes, um glücklich zu sein?

Der Ackerknecht ist auf einem anderen Weg. Er stößt auf Christus, den Schatz, obwohl er nicht auf der Suche nach ihm ist. Vielleicht ist unser Ackerknecht nicht einmal ein religiöser Mensch. Doch ein überraschendes Ereignis lässt ihn finden. Ein Ereignis mitten in seinem beschwerlichen Alltag. So kann es gehen. Auf einmal ist Christus mitten in deinem Leben. Vielleicht bist du wunderbar bewahrt worden. Vielleicht stand dir ein Engel zur

Seite. Vielleicht hast du gegen alle Erwartung eine schwere Krankheit überstanden und darfst weiterleben.

Das Himmelreich, von dem Jesus spricht, ist keine abstrakte Größe. Es ereignet sich in dir, ob du danach suchst oder eher zufällig darauf stößt, weil Gott dich darauf stoßen lässt.

Das Himmelreich ist das Kostbarste, was du dir vorstellen kannst. Es vergeht nicht, es ist ewig. Es verrottet nicht, es ist unvergänglich. Gott in dir und du in Gott. Das ist das Himmelreich. Das ist der Himmel und auf Erden.

Ich wünsche dir, dass du deinen Himmel findest.

Heimat

„O Jerusalem, ich habe Wächter über deine Mauern bestellt, die den ganzen Tag und die ganze Nacht nicht mehr schweigen sollen. Die ihr den Herrn erinnern sollt, ohne euch Ruhe zu gönnen, lasst ihm keine Ruhe, bis er Jerusalem wieder aufrichte und es setze zum Lobpreis auf Erden! Der Herr hat geschworen bei seiner Rechten und bei seinem starken Arm: Ich will dein Getreide nicht mehr deinen Feinden zu essen geben noch deinen Wein, mit dem du so viel Arbeit hattest, die Fremden trinken lassen, sondern die es einsammeln, sollen's auch essen und den Herrn rühmen, und die ihn einbringen, sollen ihn trinken in den Vorhöfen meines Heiligtums. Gehet ein, gehet ein durch die Tore! Bereitet dem Volk den Weg! Machet Bahn, machet Bahn, räumt die Steine hinweg! Richtet ein Zeichen auf für die Völker! Siehe, der Herr lässt es hören bis an die Enden der Erde: Sagt der Tochter Zion: Siehe, dein Heil kommt! Siehe, was er gewann, ist bei ihm, und was er sich erwarb, geht vor ihm her! Man wird sie nennen Heiliges Volk, Erlöste des Herrn, und dich wird man nennen Gesuchte und Nicht mehr verlassene Stadt."

Jesaja 62, 6-12

Heimat ist kein Ort. Heimat ist ein Gefühl. Heimat ist dort, wo mein Freund und ich im Gebüsch hinterm Haus die ersten Zigaretten rauchten. Er hatte sie seinem Vater geklaut, Ernte 23, und wurde dafür heftig verdroschen. Heimat ist dort, wo mein Großvater mir Pfeil und Bogen schnitzte und mir erklärte, warum Kastanien in der Tasche gut sind gegen Ischias. Heimat ist dort, wo es alltags nach Bohnerwachs riecht und sonntags nach Braten.
Heimat ist kein Ort. Heimat ist ein Gefühl. Aber nicht nur Gefühl. Der Name Jerusalem hat für die Juden einen magischen Klang. Mit diesem Namen verbinden sich bis heute Glanz und Elend, Aufstieg und Fall der Stadt Gottes. In dieser Stadt hat Gott seinen ersten Wohnsitz. In dieser heiligen Stadt, die nicht zur Ruhe kommt, bis der jüngste Tag anbricht, stand der Tempel seit den Zeiten Salomos. Hier wohnte Gott, bevor Babylon, die große Hure, das Symbol von Glanz und Gloria, Sicherheit und Geborgenheit in Trümmern legte. Das war im Jahre 587 vor Christi Geburt.
Zusammen mit dem Propheten Jeremia haben wir in der Gemeinde das Schicksal des Tempels vorausgeahnt und mit ihm die heraufziehende Katastrophe bedacht. Wir haben uns darüber gewundert, wie ein kluges Volk sich derart einnebeln kann, dass es die Vorboten des Untergangs nicht erkennt. In der Jesaja-Zeit geschieht das Unausweichliche, nun ist der Jammer groß. Die blinden Neunmalklugen sitzen als Verschleppte fassungslos an den Wassern zu Babel und weinen sich die Augen aus.
Von dieser Klage singt der 137. Psalm herzzerreißend. Die Harfen hängen an den Weiden. Die Lust am Singen ist den Juden im Exil vergangen. Wie könnten wir des Herrn Lied singen in einem fremden Land? Verstummt der Mund, zerspringt die Seele. An seiner Sehnsucht ist schon mancher Mensch gestorben.
Heimat ist kein Ort. Heimat ist ein Gefühl. Wie gut es roch auf dem Dachboden! Wie die Treppe knarrte! Wie die Getreidefelder wogten!

Jerusalem ist mehr Gefühl als Ort, mehr ein Symbol für Frieden und Gerechtigkeit als nur eine Stadt, die keine Mauern mehr hat und keinen Tempel mehr. Nur, wer die Sehnsucht kennt, weiß, wie sie leiden im fernen Exil. Dort lebt es sich nicht schlecht. Die Babylonier erweisen sich als anständige Siegermacht. Sie lassen niemanden verhungern oder verdursten. Die Juden dürfen sogar Grundstücke erwerben, Häuser bauen, ihren Glauben leben. Doch das alles kann die Sehnsucht nach Zuhause nicht wirklich mildern, denn Zuhause riecht die Erde anders.

Heimweh ist ein altes Wort. Es ist von der Bedeutung her mit dem Wort „Sehnsucht" verwandt, aber es klingt anders und beinhaltet auch anderes. Sehnsucht können wir haben nach einer Frau, einem Mann, nach den Kindern, die man lange nicht gesehen hat. Aber nur Heimweh riecht. Heimweh riecht nach Erde und nach Bohnerwachs und Braten und nach Ernte 23.

Wenn Vertriebene erzählen, erzählen sie zwar auch von den Orten und Dörfern, aus denen sie nach dem verlorenen Krieg vertrieben wurden. Wie es da zuging. Wie die Kirche aussah und wie das Rathaus. Wie der Bürgermeister hieß und wie der Pfarrer. Doch am liebsten erzählen sie von den Liedern, die man abends unter der Dorflinde sang.

Ist das zu romantisch, zu golden? Ist das weltfremd? Mag sein, mag alles sein, bei Licht besehen und nüchtern. Doch Heimat kann ich nicht bei Licht besehen und nicht mit analytischem Verstand. Denn Heimat ist kein Ort. Heimat ist ein Gefühl.

Von welchen Gefühlen erzählen unsere Kinder ihren Kindern einmal? Ein Computer ist seelenlos. Es geht um Seele. Die Juden im Exil wollen Seele, und die gibt es nur Zuhause. Die kann nur zu Hause richtig leben und frei atmen.

Dann kommt unvermittelt der Prophet mit seiner Botschaft von Gott. Meistens sind die prophetischen Botschaften keine guten Botschaften. Wie die meisten Nachrichten, die wir hören, nicht gut sind. Jetzt aber ist es anders, denn Gott lässt sich hören. Der gute Gott! Ja, den gibt es noch. Den guten, den liebenden, treuen Gott.

„Der Herr hat geschworen bei seiner Rechten und bei seinem starken Arm: Ich will dein Getreide nicht mehr deinen Feinden zu essen geben noch deinen Wein, mit dem du so viel Arbeit hattest, die Fremden trinken lassen." Das ist eine Ansage, die Leben und Zukunft verheißt und das Ende des bohrenden Heimwehs.

Einige Juden wurden schon aus der Gefangenschaft entlassen, sind zurückgekehrt, unter ihnen unser Prophet Jesaja. Die Heimkehrer sind wie elektrisiert und motiviert, obwohl Jerusalem nicht mehr die alte, schöne Stadt ist, die sie einst kannten. Kein Stein liegt auf dem anderen, und wo früher schmucke Häuser standen, türmen sich Trümmerberge wie bei uns in den Städten nach dem Krieg. Aber es weht der Geist des Aufbruchs durch die vom Gras bewachsenen Ruinen. Der belebende Geist Gottes, der alles neu macht.

Der Prophet, voll von diesem guten, belebenden göttlichen Geist, gebärdet sich wie ein Marktschreier: „Gehet ein, gehet ein durch die Tore! Machet Bahn, machet Bahn, räumt die Steine hinweg! Sagt der Tochter Zion: Siehe, dein Heil kommt!" Die Einladung geht an alle, die noch im Finstern wohnen und deren Harfen noch immer an den Weiden hängen. „Kommt! Wir warten auf Euch! Euer Heimweh wird gestillt!" Aufbruchsstimmung! Freiheit! Es gibt viel zu tun, und die Trümmerfrauen warten auf die Männer, die der Krieg übrig ließ.

„Arbeit", so schreibt der irische Theologe John O'Donohue in seinem Buch „Echo der Seele", „ist menschliche Sehnsucht in Aktion".

Irgendwann, nach Jahren und Jahrzehnten, ist es geschafft. Ist die Heimat wieder aufgebaut und ist das Heimatgefühl wieder daheim. Doch nach den vielen Aufbaujahren und dem Erreichen des Wohlstands, ereignet sich Seltsames. Es ereignet sich immer noch. Das Seltsame und Merkwürdige: Die Sehnsucht kommt wieder und mit ihr das Heimweh.

Sehnsucht und Heimweh sind im Menschen tief verwurzelt. Sie sind in ihm drin. Sie können wohl für eine Weile ruhig gestellt werden, und dann ist alles gut – für eine Weile nur. Heimweh gleicht einem Baby. Ist es gestillt, grunzt es satt und zufrieden vor sich hin. Doch es schreit nach einer Weile erneut, weil der Hunger wiederkommt. Der Mensch hat ein unstillbares Verlangen und einen Hunger ohne Ende. Ich möchte dieses Verlangen als Heimweh nach einem Ort der inneren Ruhe und Geborgenheit bezeichnen. Einem Ort der letzten, allerletzten Gewissheit.

Wir haben hier keine bleibende Stadt, heißt es im Hebräerbrief. Wir suchen die zukünftige. Das ist gemeint. Unruhig ist der Mensch und voller Sehnsucht, solange er lebt. Da kann das Haus noch so schön sein und die Landschaft dazu, und überhaupt kann sich alles bestens gestalten. Es bleibt das Heimweh nach Gott. Das Heimweh nach Gott ist die tiefste Form menschlicher Sehnsucht.

In vielen alttestamentlichen Texten kommt diese Ur-Sehnsucht in der Zions-Hoffnung zum Ausdruck, so auch in unserem aus dem Jesajabuch. Gott wird, so die Hoffnung, in Jerusalem auf die Welt kommen, und man wird die Menschen in dieser Stadt das „heilige Volk" nennen und „Erlöste des Herrn."

„Tochter Zion: Freue Dich! Jauchze laut, Jerusalem! Siehe, dein König kommt zu Dir. Ja, er kommt, der Friedefürst." Ein wunderschönes adventliches Lied, das wir nicht nur im Advent singen sollten.

Dieser Friedefürst ist Jesus Christus. Gottes letztes Wort, sein Freudenbote. Inhalt und Ziel aller unserer Hoffnungen und Sehnsüchte. Mit Jesus hat Gott unserer unruhigen und suchenden Seele noch einmal einen Ort gegeben, an dem sie zur Ruhe gelangt. Schon hier und jetzt - und dann einmal endgültig, wenn er wiederkommt, um das Reich Gottes aufzurichten.

Heimat ist kein Ort. Heimat ist ein Gefühl. Bei Jesus sich daheim zu fühlen: das ist Heimat für den Geist.

Vielleicht ist die 1996 im hohen Alter von 96 Jahren verstorbene Hilde Domin in Deutschland deshalb eine der berühmtesten Lyrikerinnen unserer Zeit, weil sie vielen Menschen Vorbild war auf der Suche nach einer inneren Heimat. Ihr Gedicht „Ziehende Landschaft" ist ein kostbares Kleinod:

„Man muss weggehen können und doch sein wie ein Baum: als bliebe die Wurzel im Boden, als zöge die Landschaft und wir ständen fest. Man muss den Atem anhalten, bis der Wind nachlässt und die fremde Luft um uns zu kreisen beginnt, bis das Spiel von Licht und Schatten, von Grün und Blau, die alten Muster zeigt, und wir zu Hause sind, wo es auch sei, und nieder sitzen können und uns anlehnen, als sei es an das Grab unserer Mutter."

Hautnah

"Und es kam zu ihm ein Aussätziger, der bat ihn, kniete nieder und sprach zu ihm: Willst du, so kannst du mich reinigen. Und es jammerte ihn und er streckte die Hand aus, rührte ihn an und sprach zu ihm: Ich will's tun; sei rein! Und sogleich wich der Aussatz von ihm und er wurde rein. Und Jesus drohte ihm und trieb ihn alsbald von sich und sprach zu ihm: Sieh zu, dass du niemandem etwas sagst; sondern geh hin und zeige dich dem Priester und opfere für deine Reinigung, was Mose geboten hat, ihnen zum Zeugnis. Er aber ging fort und fing an, viel davon zu reden und die Geschichte bekannt zu machen, so dass Jesus hinfort nicht mehr öffentlich in eine Stadt gehen konnte; sondern er war draußen an einsamen Orten; doch sie kamen zu ihm von allen Enden."

Markus 1, 40-45

Hautnah will ich Dich erleben, Jesus, hautnah! Nicht nur kluge Reden von Dir hören, nicht nur gute Worte mit nach Hause nehmen, nicht nur erhellenden Gedanken nachdenken. Das alles auch. Aber vor allem will ich Dich hautnah erleben. Jesus hautnah!

Meine Frau Iris und ich sitzen in der Ludgeri-Kirche im ostfriesischen Norden. Orgelkonzert am Mittwochabend, es spielt ein bekannter Organist aus Hamburg. Um eine der mächtigen Säulen herum räkelt sich majestätisch die berühmte Arp-Schnitger-Orgel. Sie klingt atemberaubend. An diesem Abend kommt alles zusammen. Die Kirche, die Erinnerung, die Orgel, die Stimmung. Gefühlsflut. Gänsehaut. So muss es im Himmel sein. Himmlisch. Sanfte Klänge füllen den Raum, schon rollen uns die Tränen übers Gesicht. Am Fuße einer der zahlreichen Emporen steht, fein säuberlich dort hingemalt für alle Generationen, Jesu Satz: „Ich bin der Weg und die Wahrheit und das Leben." In den Klang mischt sich das Wort, wird eins mit ihm. Jesus hautnah.

Es gibt Situationen und Ereignisse, die vergisst du nicht, die gehen dir unter die Haut. Orgelmusik, warmes Licht, Berührung, Sonne, Wind, Wellen, Salz. Meine herrliche Heimat-Kirche mit dem großen Taufstein. Ich habe die Taufschale ein wenig gestreichelt. Hier wurde ich getauft am 15. Juli 1951, und unser Sohn Jens auch in das Wasser des Lebens getaucht. Jesus hautnah.

Er ist eben nicht nur ein weiser Lehrer, nicht nur einer der großen Propheten, die Israel hervorbrachte. Er ist eben nicht nur der gütige und kluge Mensch, der mit seinen Worten Welten bewegt und Herzen anrührt. Er nimmt sich der Menschen an mit Seele und Leib. Er redet und berührt. Er ist der Heiland. Die Seele ist wichtig, und es ist wichtig, wovon sie sich nährt. Aber die Seele wohnt in einem Haus, und dieses Haus ist der Körper. Wenn der Leib leidet, leidet auch die Seele, wenn die Seele leidet, der Leib.

Es gab einmal eine Zeit, in der alles Leibliche gering geschätzt wurde, nur auf den Geist kam es an, wohnt doch alles Göttliche im Geist und kommt alles Göttliche aus dem Geist. Jesus weiß das damals schon besser, er ist, wenn man so will, ein ganzheitlicher Heiler, obwohl ich dieses Wort „ganzheitlich" mittlerweile kaum mehr hören kann, weil es geradezu inflationär verwendet wird von Leuten, die sich damit nur wichtig machen.

Jesus will sich nicht wichtig machen. Er beherrscht ganz und gar nicht, was wir heute „Public relations" nennen, er macht keine Werbung in eigener Sache, jedenfalls nicht mit großem Pomp und Getöse. Er hat eine stille, aber geradezu bezwingend liebevolle Art, mit den Menschen umzugehen und sie für sich einzunehmen und zu gewinnen. So etwas spricht sich herum, und schon hat Jesus sie alle am Hals, die Mühseligen und die Beladenen und die Neugierigen und die Neunmalklugen und die Besserwisser.

Den Aussätzigen will selbstverständlich sonst niemand am Hals haben, stellt euch vor, ein solcher, dem die Haut abfällt in blutigen Stücken, der gleichsam am lebendigen Leibe verfault, der kommt euch zu nahe, der geht mit euch auf Tuchfühlung.

Gott hat ihn verlassen, so sagen die Leute, Gott hat ihn vergessen. Gott ist so heilig, so klar und so rein! Mit einem derart kaputten Leben, so sagen sie, hat Gott nichts zu schaffen, und wer weiß, wo der Aussätzige sich seine elendige Krankheit an den Hals geholt hat.

Menschen können so unbarmherzig sein, das glaubt man gar nicht! Können auf die am Boden Liegenden immer noch weiter herumtrampeln. Besonders schäbig wird es dann, wenn die Hochmütigen sich zu Worte melden mit Kommentaren wie diesen: Selber schuld. Arbeitsscheu. Asozial. Drückeberger.

Menschen im Abseits leben einsam. Menschen im Aussatz haben nur zwei Möglichkeiten: Versumpfen im Selbstmitleid und bitter werden im Laufe der

Zeit, oder sich aufraffen, aufmachen, die letzte Chance ergreifen, und sei sie noch so klein.

Soll ich, soll ich nicht? Das ist nicht allein die Frage unseres aussätzigen Mannes. Viele Menschen stellen sich die Frage, ob es sich denn lohnt, zu Jesus zu kommen, Glauben zu wagen, Vertrauen zu riskieren. Soll ich, soll ich nicht? Was geschieht, wenn ich mich auf Jesus einlasse, was sagen die Anderen, wenn ich es ihnen erzähle, wenn sie es bemerken? Lachen sie mich aus? Schütteln sie den Kopf? Nicken sie gar anerkennend und voller Respekt für meine Entscheidung? Für den einsamen Aussätzigen geht es bei der Frage, ob er es mit Jesus wagen soll oder nicht, um Leben und Tod und nicht um ein eher beiläufig behandeltes philosophisch-religiöses Thema. Bei ihm ist diese Frage keine gedankliche Luxus-Spielerei, bei ihm ist sie existentiell!

In der Not, so sagt man, lernt der Mensch beten, wird er weich, empfänglich, demütig. Unser Mann geht auf die Knie. „Willst du, so kannst du mich reinigen." Das ist schnörkellos gesagt, ein ganz schlichter Satz. Der Aussätzige fragt Jesus nicht: Kannst Du das? Kannst Du mich heilen? Dass Jesus das kann, ist für ihn eine ausgemachte Sache, darum geht es nicht. Es geht darum, ob er es auch will. Ob er diesen armen Menschen wieder glücklich machen will.

Wir, die wir uns für aufgeklärt halten, fragen erst einmal skeptisch, ob Jesus tatsächlich Menschen heilen konnte und immer noch kann. Das Neue Testament spricht in dieser umstrittenen Angelegenheit Bände, und es gibt wohl keinen ernsthaften Zweifel, dass Jesus über außerordentliche Kräfte und Fähigkeiten verfügt. Niemandem kommt es doch in den Sinn, über den Nazarener eine große Geschichte anzulegen, würde er nicht heilen, trösten, sättigen, Tote ins Leben rufen. Quacksalberei und Scharlatanerie werden schnell als solche entlarvt, sie können die Basis nicht sein für ein derart

umfangreiches Zeugnismaterial. Halten wir die Zuseher und Zuhörer der wunderbaren Taten Jesu doch nicht für so dumm und einfältig, dass sie einem Blender und Hochstapler auf den Leim kriechen!
Ich formuliere bewusst nicht in der Vergangenheitsform, sondern im Präsens, ist Jesus doch nicht nur eine Person der Geschichte, sondern der lebendige, zu allen Zeiten und so auch jetzt der gegenwärtige Herr, der nach wie vor wirkt, wenn er will. Mach Du! höre ich den Aussätzigen bitten, mach Du! Was auch immer, wie auch immer, aber mach Du! So gerne möchte ich wieder gesund werden. Wieder dazugehören. Wieder angenommen sein. Mein Leben lege ich dir ans Herz, spürst du meine Not?"
So bittet und bettelt nicht nur der Mann in unserer Geschichte. So bitten und betteln alle Menschen, wenn ihnen der Boden unter den Füßen weg bricht.
Jesus spürt die Not, es jammert ihn das Elend, er streckt die Hand aus, fasst ihn an. Jesus hautnah.
Heilung beginnt dort, wo ich einen Menschen annehme und berühre, obwohl der eigentlich unannehmbar und unberührbar ist. Wo ich meine Abwehr und manchmal auch meinen Ekel überwinde.
Als Franz von Assisi einen Aussätzigen auf dem Wege sah, stieg er vom hohen Ross herunter, überwand seine Abwehr und küsste ihn. In solchem Handeln hat das Christentum seine Mitte. In ihm haben Diakonie und Caritas ihre Wurzeln.
Ich will. Sei rein. Und dann, nach dieser geradezu intimen Szene voller Liebe und Zärtlichkeit, jagt er ihn weg mit einem Maulkorberlass. Sage niemandem etwas! Halte den Mund! Mach kein Theater, sonst kommen sie alle! Ich bin zwar ein Heiler, aber nicht in erster Linie. In erster Linie bin ich der Messias, und das ist ein fundamentaler Unterschied. Nicht deswegen sollen die Menschen glauben, weil sie Wundersames sehen und hören und erleben,

sondern selig werden sie, wenn sie nicht hören und nicht sehen – und trotzdem glauben, dass Jesus der von Gott in die Welt Gesandte ist.

Was das Gesetz befiehlt, soll er einhalten, zu den Priestern gehen, sich anschauen und gesundschreiben lassen, sind doch die Priester damals so ähnliche Leute wie die Amtsärzte heute. Sage doch keiner, Jesus kenne nicht die jüdischen Vorschriften! Da lässt der Heiland sich nichts zuschulden kommen.

Der Geheilte freilich, eben noch auf den Knien, wird geschwätzig. Das ist nun kein Wunder mehr, denn wenn das Herz voll ist, läuft der Mund über, wer will es ihm verdenken? So geht es doch allen Menschen, denen Gutes widerfährt: dass sie immerzu davon erzählen müssen.

Für Jesus ist das nicht so günstig, denn nun kommen sie massenhaft, die Blinden, die Lahmen, die Außenseiter. Sie bringen ihr Leid mit, aber auch ihre Freude, ihre Alltagsgeschäfte, ihre Sorgen, einfach alles, was sie gerade beschäftigt, so wie wir das tun, wenn wir in den Gottesdienst kommen mit Gedanken wie diesen: Hautnah will ich Dich erleben, Jesus, hautnah. Nicht nur kluge Reden von Dir hören, nicht nur gute Worte mit nach Hause nehmen, nicht nur erhellenden Gedanken nachdenken. Das alles auch. Aber vor allem: Hautnah will ich Dich erleben!

Glaubensnot

„Meister, ich habe meinen Sohn hergebracht zu dir, der hat einen sprachlosen Geist. Und wo er ihn erwischt, reißt er ihn; und er hat Schaum vor dem Mund und knirscht mit den Zähnen und wird starr. Und ich habe mit deinen Jüngern geredet, dass sie ihn austreiben sollen, und sie konnten's nicht. Er aber antwortete ihnen und sprach: O du ungläubiges Geschlecht, wie lange soll ich bei euch sein? Wie lange soll ich euch ertragen? Bringt ihn her zu mir! Und sie brachten ihn zu ihm. Und sogleich, als ihn der Geist sah, riss er ihn. Und er fiel auf die Erde, wälzte sich und hatte Schaum vor dem Mund. Und Jesus fragte seinen Vater: Wie lange ist's, dass ihm das widerfährt? Er sprach: Von Kind auf. Und oft hat er ihn ins Feuer und ins Wasser geworfen, dass er ihn umbrächte. Wenn du aber etwas kannst, so erbarme dich unser und hilf uns! Jesus aber sprach zu ihm: Du sagst, wenn du kannst – alle dinge sind möglich dem, der da glaubt. Sogleich schrie der Vater des Kindes: Ich glaube; hilf meinem Unglauben! Als nun Jesus sah, dass das Volk herbeilief, bedrohte er den unreinen Geist und sprach zu ihm: Du sprachloser und tauber Geist, ich gebiete dir: Fahre von ihm aus und fahre nicht mehr in ihn hinein! Da schrie er und riss ihn sehr und fuhr aus. Und der Knabe lag da wie tot, so dass die Menge sagte: Er ist tot. Jesus aber ergriff ihn bei der Hand und richtete ihn auf, und er stand auf."

Markus 9, 14-27

Dein Kind, eben noch fröhlich plappernd, fällt plötzlich vom Stuhl, verdreht die Augen, zuckt mit den Armen und Beinen. Du erschrickst zu Tode. Du weißt nicht, was da geschieht, stehst entsetzt und hilflos daneben. Dann hört das Zucken wieder auf. Dein Kind fällt in einen tiefen Schlaf. Du nimmst es in den Arm, drückst es fest an dich. Noch immer in heller Aufregung, gehst du der dir unheimlich vorkommenden Sache nach. Der Arzt sagt aufklärend: das war ein epileptischer Anfall. Bleibe, wenn er sich wieder ereignet, ruhig und gelassen.

Heute gibt es Möglichkeiten, helfend und heilend mit Epilepsie umzugehen. In Kork bei Kehl ist das Epilepsiezentrum für Südwestdeutschland, eine segensreiche Einrichtung der badischen Diakonie. Das Zentrum gibt es schon lange, früher hieß es „Korker Anstalten", aber die Bezeichnung „Anstalt" war unglücklich gewählt. In Kork arbeiten hervorragende Fachärzte. Sie sagen dir, dass die Epilepsie eine Art Gewitter im Gehirn ist. Zwischen den Synapsen der Gehirnzellen kommt es zu unkontrolliertem Energiefluss, der sich entlädt. Sie sagen dir auch, dass du keine Angst haben musst, wenn die Entladung geschieht. Es gibt gute Medikamente, dadurch sind die Heilungschancen größer geworden.

Der Vater in unserer Erzählung, die zuerst eine Glaubenserzählung und erst dann eine Heilungserzählung ist, weiß nicht, warum sein Sohn mit den Zähnen knirscht und Schaum vor dem Mund hat. Er weiß nichts von den Erkenntnissen moderner Medizin. Er macht, Mensch seiner Zeit und Geschichte, einen unreinen Geist für die Krankheit seines Sohnes verantwortlich. Das Wort „Epilepsie" hat er noch nie gehört.

Die Symptome der Störung beschreibt der Evangelist Markus erstaunlich genau. Das Kind fällt unvermittelt auf die Erde. Oder ins offene Feuer. Oder ins Wasser.

Der Vater ist verzweifelt. Sein Sohn ist seine Lebenssorge, seine Hoffnung, sein ganzes Glück! Nun das. Ein Sorgenkind seit der Geburt, geplagt von einem „sprachlosen Geist", der ihn packt und reißt, wann und wo er will. Gibt es Hoffnung, gibt es Linderung, Heilung vielleicht? Der Vater glaubt ganz fest daran. Diesen elendigen Quälgeist im Körper seines Sohnes muss man doch vertreiben können! Es muss doch einen geben, der sich auskennt und ein Mittel hat, das kranke Kind von seinem Schicksal zu erlösen!

Gewiss ist der Mann auf seiner Suche nach einem Heiler von Pontius nach Pilatus gezogen. Gewiss ist er zahlreichen Hinweisen gefolgt, die man ihm so gegeben hat, wir kennen ja die Arztempfehlungen, die man uns so gibt, wenn wir auf der Suche sind nach einem Spezialisten. In der Not ist alles erlaubt, in der Not wird allen vertraut. Schließlich landet er bei Jesu Jüngern. Könnt ihr vielleicht, ich flehe Euch an, meinen Sohn gesund machen? Offenbar geht das Gerücht umher, die Jünger um Jesus herum hätten magische Kräfte und wie ihr Meister ein mitfühlendes Herz und eine helfende Hand. Mag sein, so denkt der Vater, haben sie einen ganz besonderen Draht zum Himmel und zu Gott, sind heilig gar. Und welcher böse Geist kann so vielen Heiligen auf einem Haufen schon machtvoll widerstehen?
Die Ernüchterung kommt schnell. Die Jünger sind entgegen aller Hoffnung der Sache nicht gewachsen. Enttäuscht und resigniert stellt der Vater fest: Sie können's nicht.
„Beten Sie für meinen Mann, dass er wieder gesund wird!" Beten hilft. Also habe ich gebetet, wie von mir erwartet und gewünscht. Mag sein, dass die Frau dachte, ein Pfarrer hat Ahnung vom Beten und eine besonders intensive Verbindung zu Gott. Sein Gebet hat gewiss mehr Schwung und Macht und Kraft und Flügel als mein eigenes.
Der Mann ist gestorben. Der Krebs war stärker als mein Bitten. Und ich lese: „Alle Dinge sind möglich dem, der da glaubt." Und ich frage: Alle Dinge? Wirklich alle? Und ich schließe daraus: Die Jünger Jesu glauben nicht oder nicht richtig oder zu wenig. Ich glaube auch zu wenig und nicht richtig, denn sonst wäre der Mann durch mein Gebet ja wieder gesund geworden. So musste ich ihn, welch Eingeständnis meines beterischen Scheiterns, auf dem Friedhof beerdigen.

Eine verworrene Geschichte ist diese mit dem Glauben und dem Vater und dem Epileptiker und nicht zuletzt mit Jesus und den Jüngern! Welch ein ungläubiges Geschlecht sind wir alle zusammen, wie lange soll Jesus uns noch ertragen?

Er muss ein Wunder bringen. Alle, die ihn da umringen in unserer Geschichte, warten auf ein Zeichen von ihm, um erst danach zu glauben: Er ist der Heiland. Um erst danach zu bekennen: Er ist der Sohn Gottes. Oder ist dieser heftige, ja anklagende Satz Jesu ganz anders zu verstehen? Zielt er auf die Schwäche unseres Glaubens, auf unser Kümmerlichkeit darin und auf unser verzagtes, zögerlich klopfendes Herz?

Alle Dinge sind möglich dem, der da glaubt, sagt Jesus. Alle Dinge? Und wie groß und stark muss der Glaube sein, damit alle Dinge möglich sind?

Mitten in diesen ganzen Wust von Fragen hinein schreit der Vater des Kindes: „Ich glaube; hilf meinem Unglauben!"

Mein Gott, denke ich, welch ein Kampf! Was macht dieser Mensch nicht alles durch! Er glaubt: Heilung ist möglich. Er glaubt: Jesus kann helfen. Er weiß: Mein Glaube ist unvollkommen. Er weiß: Mein Glaube reicht nicht hin! Ich glaube. Hilf meinem Unglauben!

Einer der ganz großen Sätze in der Bibel. Wie gut, dass es diesen Satz gibt! Einen Satz, den auch wir gut kennen, den auch wir so sagen könnten. Wir spüren ja die Bedrohung unseres Glaubens durch den Unglauben. Wir spüren diese Bedrohung vor allem dann, wenn das Leben nicht in unserem Sinne läuft. So läuft, wie es unserer Meinung nach eigentlich laufen müsste. Leicht, unbeschwert, sonnendurchflutet.

Ein Flugzeug fällt vom Himmel. Eine Flutkatastrophe reißt Tausende in den Tod. Auf der B 31 sterben zwei blutjunge Menschen bei einem Verkehrsunfall. Ich glaube. Hilf meinem Unglauben!

Das heißt doch: Ich glaube an Dich, Jesus, aber ich bin mir nicht so sicher, ob mein Glaube an Dich auch stark genug ist. Ich bin ein schwacher Mensch. Ich möchte so gerne glauben, aber es gelingt mir eben nicht immer mit dem Glauben. Manchmal bin ich untröstlich. Manchmal verstehe ich diese Welt nicht mehr. Manchmal sehe ich Dich nicht mehr in dieser Welt, wenn ich auf diese Welt sehe, wie sie dahin treibt von einem kranken Zustand in den nächsten.

Mein Glaube kennt eine Schmerzgrenze. Mein Glaube bricht nicht durch Stahl und Stein.

Kannst Du etwas? So hat der Vater Jesus gefragt, und der dreht den Spieß herum: Nicht auf mich, lieber Freund, kommt es an, ob dein Sohn geheilt wird, sondern auf dich!

Es ist ein tiefes Tal, in das der Mann mit den großen Sorgen hineinstürzt. Mit dem Glauben, der ihm möglich ist, das merkt er nur zu gut, hat er keine Chance. Im Zweifel trägt der nicht, also braucht er Hilfe. Hilf meinem Unglauben!

Das ist die letzte, äußerste Bitte eines Menschen, der glauben will mit aller Macht und eben das nicht kann. Nur Jesus selbst kann dieses Nicht-Können beseitigen, kann aus dem Unglauben einen Glauben machen, der im Zweifel hält und alle Dinge möglich macht – alle.

Hilf meinem Unglauben! Das ist das Paradoxe am Glauben. Dass er erst im Eingestehen des eigenen Unglaubens durch die Hilfe und durch die Kraft Jesu zu dem Glauben wird, der hält und trägt. Dass der Glaube geboren wird aus der Qual des Unglaubens heraus und aus der Not, am Ende zu sein mit den eigenen Möglichkeiten.

Die Jünger können dem Knaben in unserer Geschichte deshalb nicht helfen, weil sie erst noch durch die Schule des eigenen Unglaubens gehen müssen.

Sie kennen diese Schule nicht. Sie meinen, es gehe alles auch so in der Welt mit ihrem eher oberflächlichen Graswurzel-Glauben, der für die Sonnentage des Lebens reichen mag, aber nicht für den Ernstfall.

In die Schule des Unglaubens werden sie geschickt am Karfreitag. Da scheint alles verloren, da wird ihnen der Boden unter den Füßen weggezogen. Da ist ihr eigener Glaube an Christus, den Heiland, kleiner noch als ein Senfkorn. Da ist es erst einmal vorbei mit dem Mut zum Glauben, da stehen sie alle ungläubig vor dem Geschehen wie der zur Symbolfigur des Unglaubens gewordene Thomas.

Langsam dämmert mir, was Jesus meint mit diesem rätselhaften Satz: „Wenn das Weizenkorn nicht in die Erde fällt und stirbt, bleibt es allein. Wenn es aber stirbt, bringt es viel Frucht." Ich ahne etwas vom Geheimnis des Sterbens und Auferstehens. Neues geschieht nur, wenn Altes zerbricht. Nur aus dem Dunkel heraus trete ich ins Licht.

Der Glaube muss sich immer wieder aus der Tiefe heraus und mit der Kraft von „oben" her erneuern, muss gleichsam auferstehen aus Schwachheit zu neuer Kraft und Stärke.

In der Auferstehung des kranken Knaben wird die Glaubens-Auferstehung des Vaters sichtbar. Jesus redet, droht, gebietet. Der sprachlose, taube Geist verschwindet aus dem Körper des geplagten Menschenkindes. Erst liegt der Junge da wie tot. Dann nimmt Jesus das Kind an die Hand, zieht es hoch, stellt es auf die Beine. Welch ein schöner Augenblick in unserer ermutigenden Erzählung vom Heil des Glaubens und der Heilung des Kindes! Alle Dinge sind möglich dem, der da glaubt. Welch eine herrliche Verheißung! Nehmt sie mit in Euren Alltag!

Wir glauben. Hilf, Herr, unserem Unglauben!

Printed by Books on Demand GmbH, Norderstedt / Germany